Exotische Küche

Kambodscha Küche

Einfache und leckere Khmer Rezepte

Nariman Zeitun

Die Autorin und der Verlag bedanken sich bei allen, die sie mit Rezepten versorgt haben, damit dieses Buch auf dem deutschsprachigen Markt erscheinen konnte.

1. Auflage 2012, 2.Auflage 2021

© Copyright by M. N. Asfahani Verlag / Hamburg / FRG

Alle Rechte vorbehalten, Nachdruck, auch auszugsweise, sowie Verbreitung durch Film, Funk und Fernsehen, durch fotomechanische Wiedergabe, Tonträger und Datenverarbeitungssysteme jeder Art, nur mit schriftlicher Genehmigung des Verlages.

Fotos: M. Nader Asfahani

Titelbild: Gundula Wagner

Übersetzung, Gestaltung, Herstellung und Satz:

Asfahani Verlag

Hausbrucher Straße 54 / D-21147 Hamburg

Federal Republic of Germany

Telefon 040-7967951 Fax 040-7967955

Email: info@asfahani.de

Internet: www.asfahani.de

AF547141

ISBN 978-3-927459-75-5

Exotische Küche
Kochbücher aus dem Süden

☺ Alle Rezepte sind für 3 bis 4 Personen gedacht

Sachregister

Kurze Informationen

Vorspeisen und Salate

Beilagen, Soßen und eingelegte Zutaten

Suppen

Reisgerichte

Nudelgerichte

Fleisch- und Gemüsegerichte

Geflügelgerichte

Fischgerichte und Meeresfrüchte

Süßspeisen

Kurze Informationen

Frische Reisblätter Trapeang
Methode 1

Zutaten:

1 Tasse feines Reismehl
1/4 Tasse Tapiokastärke oder Maisstärke
ca. 2 Tassen Wasser
etwas Salz

So wird es gemacht:

☺ Alle Zutaten in eine Schale geben und gut verrühren (Der Teig muss flüssig sein).
Die Reisblätter werden original auf einem Grill gebacken, dabei soll der Grill nicht so heiß sein.

Deckel
Abb. 1

Abb. 2

Abb. 1 - Eine Kelle Reismehlmischung auf die flache heiße Grillplatte geben und dünn verteilen.
Deckel darauf stellen und ein paar Sekunden warten, bis das Reisblatt gar ist:

Abb. 2 - Einen Holzstab mit einem Tuch umhüllen und fest binden. Dann wie auf dem Bild dargestellt, auf das Reisblatt legen.

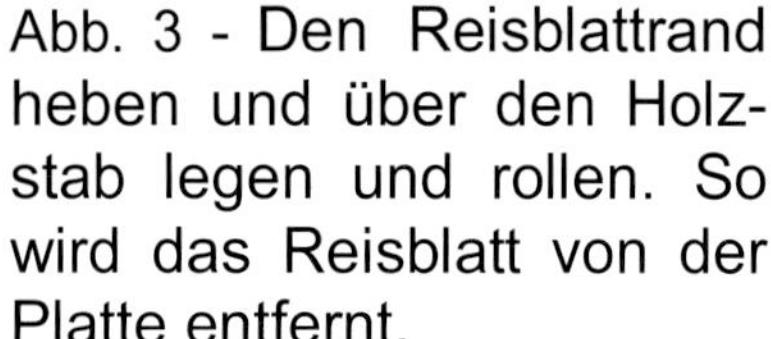
Abb. 3 - Den Reisblattrand heben und über den Holzstab legen und rollen. So wird das Reisblatt von der Platte entfernt.

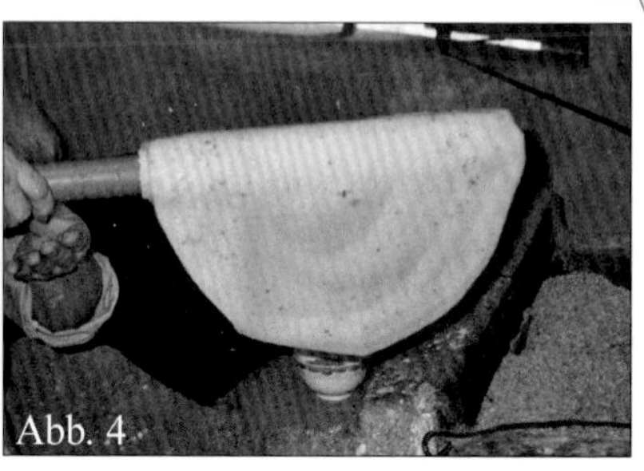
Abb. 4 - Das Reisblatt vom Holzstab abrollen und auf eine flache Unterlage stellen.

Methode 2

Zutaten wie bei Methode 1

So wird es gemacht:

☺ Alle Zutaten in eine Schale geben und gut verrühren (Der Teig muss flüssig sein).

☺ Ein flaches Sieb mit einem starken Tuch bespannen ➟ ca. 1 Tasse Wasser in einen Topf geben ➟ das Sieb darauf stellen und zum Kochen bringen, dann auf mittlere Hitze stellen.

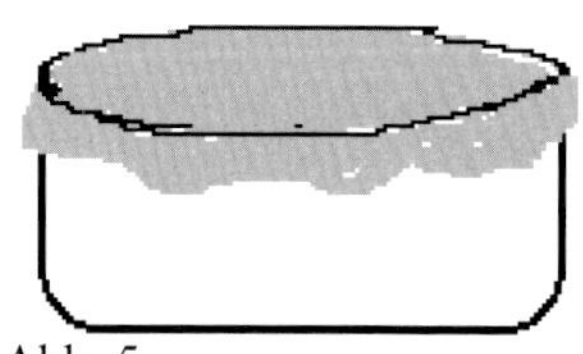
Abb. 5

☺ Eine Kelle flüssige Reismehlmischung in die Mitte geben und dünn auf dem Tuch verteilen ➟ ca. 1 Minute dämpfen lassen. Dann einen Holzstab nehmen, und auf eine Seite des Reisblattes legen. Den Reisblattrand heben und über

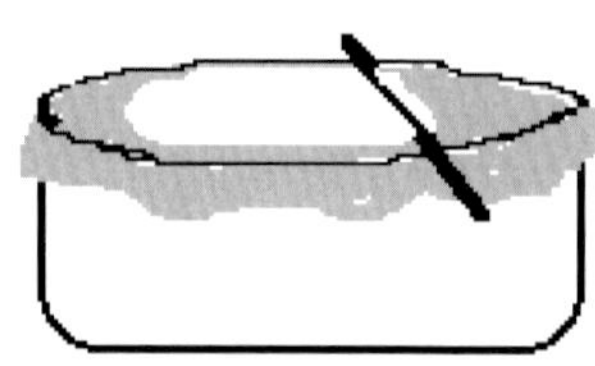
Abb. 6

den Holzstab legen und rollen (siehe Abb. 6). So können Sie das fertige Reisblatt vom Sieb entfernen. Danach auf eine flache Unterlage legen.

Methode 3

Zutaten:

siehe Methode 1,
dazu benötigen Sie ca. 1 Esslöffel Öl

So wird es gemacht:

☺ Die Zutaten werden in einer Schale zu einer flüssigen Mischung verarbeitet.

☺ Etwas Butter oder Öl in einer Teflonpfanne erhitzen ➡ eine Kelle Reismischung in die Pfanne geben. Pfanne zudecken und einige Sekunden von einer Seite anbraten. Dann Deckel abheben und die Oberfläche beobachten. Wenn das Reisblatt gar wird, bilden sich auf der Oberfläche längliche Blasen. Ansonsten Pfanne zudecken und einige Sekunden garen.

Vermerk: Reisblätter bekommt man in asiatischen Lebensmittelgeschäften.

Kokosnuss

Kokosnüsse gibt es überall in Südostasien, sie werden jeden Tag in der Küche benutzt.

Es gibt sie in 3 Reifeprozessen:

Sehr jung
jung
und ziemlich alt

Die Kokosnüsse, die Europa erreichen sind alle alt.

Kokosnüsse können so jung sein, dass das Fleisch mit einem Löffel ausgeschabt werden kann.

Kokosnussbaum

Das Kokosnusswasser ist süß, schmeckt köstlich und wird in den Ländern, wo Kokosnuss wächst mit dem zarten Fruchtfleisch, welches auf dem Kokosnusswasser schwimmt, verkauft.

Bei einer etwas älteren Kokosnuss ist das Fruchtfleisch fest genug um es zu reiben und daraus Kokosnussmilch (Dom) herzustellen. Das kann man mit einer normalen Käsereibe oder Küchenmaschine erledigen.

Frische Kokosnüsse

Grob geriebene, junge Kokosnüsse kann man in manchen chinesischen oder asiatischen Lebensmittelläden in tiefgefrorener Form kaufen.

Kokosnussmilch oder Creme gibt es auch in Dosen zu kaufen.

Kokosnussmilch-Dom

Um Kokosnussmilch herstellen zu können, muss man zuerst das weiße Fruchtfleisch raspeln oder reiben.

Kokosnusspaste herstellen

1. Methode

Fruchtfleisch einer Kokosnuss reiben ➡ in den Mixaufsatz einer Elektroküchenmaschine geben ➡ 1/4 Liter heißes Wasser darüber geben und mit hoher Geschwindigkeit mixen ➡ einen weiteren 1/4 Liter heißes Wasser dazugeben und weitermixen, bis ein glatter Brei entstanden ist.

2. Methode

Kokosnussfruchtfleisch von Hand reiben (evtl. fertig geriebene Kokosnuss verwenden) ➡ 1/2 Liter heißes Wasser darüber geben ➡ mit einem Schneebesen oder Elektromixer kräftig schlagen.

Kokosnussmilch herstellen

☺ Ein Sieb mit einem Küchentuch auslegen ➡ Kokosnussbrei hinein geben ➡ mit einem Löffel kräftig pressen ➡ die Enden des Tuches zusammenhalten und kräftig wringen, damit die restliche Flüssigkeit aus dem Brei heraustropfen kann.

Kokosnusspresse

Aufbewahrung von Kokosnussmilch

Eine frische Kokosnuss, die man im Supermarkt kauft, ist mindestens einige Wochen alt, aber wenn man sie nicht öffnet, hält sie noch mindestens einen Monat und mehr.
Getrocknete und sahnige Kokosnuss hält sehr lange.
Kokosnussmilch (Dom) hält sich nicht. Kokosnussmilch muss innerhalb von 24 Std. verbraucht werden. Nach der Herstellung kann es über Nacht im Kühlschrank aufbewahrt werden. Es kann wie Sahne verdicken, aber es schmilzt wieder, wenn es erhitzt wird.
Gerichte, die mit Kokosnussmilch hergestellt werden und die im Kühlschrank oder Gefrierschrank aufbewahrt werden sollen, dürfen nur ohne Kokosnussmilch aufbewahrt werden. Kokosnussmilch darf erst kurz vor dem Erhitzen und Servieren dazugegeben werden.
Wenn Kokosnussmilch kaltgestellt wird, setzt sich die Sahne auf der Oberfläche ab. Das kann der Kokosnussmilch nicht schaden.
Die kalte Kokosnussmilch in einem Gefäß, in ein warmes Wasserbad stellen und gut rühren.

Kokosnussöl

Da Kokosnussöl schnell ranzig wird und das Gericht ruinieren kann, sollte man beim Kochen Pflanzenöl verwenden.

Kokosnussmehl

Kokosnussmehl wird aus getrocknetem Fruchtfleisch hergestellt, es enthält kein Öl.

Man kann beim Backen 1 Teil Kokosnussmehl mit 3 Teilen Mehl mischen, damit bekommt man einen besonderen Geschmack.

Kokosnusszucker

Kokosnusszucker wird aus dem Nektar der Blütenknospen der Kokosnusspalmen gewonnen, hat eine braune Farbe, schmeckt nicht nach Kokosnuss und wird wie Zucker verwendet.

Jackfrucht

Die Jackfrucht ist ein Riese unter den Früchten: Sie kann bis zu 20 kg wiegen. Äußerlich erinnert sie an die Durian mit ihrer stacheligen, hellbraunen, festen Schale.

Das feste, gelbe Fruchtfleisch ist sehr saftig süß und hat einen Geschmack wie von Bananen. Jedes Segment enthält einen Kern, der nicht mitgegessen wird. Er wird jedoch gerne geröstet und erinnert dann geschmacklich an eine große Erdnuss. Er kann auch weich gekocht als Snack gegessen werden.

Bevor man die Jackfrucht für das Kochen vorbereitet, sollten die Hände zuerst mit Öl gewaschen werden, da das klebrige Sekret nicht mit Wasser von den Händen gelöst werden kann.

Durian, wird auch Stink– oder Käsefrucht genannt.

In vielen asiatischen Ländern, wo diese Fruchtart verkauft wird, darf sie nicht in öffentlichen Verkehrsmitteln (Bus, Bahn, Taxi oder Flugzeug) mitgeführt werden. Auch in Hotels dürfen die Gäste diese Frucht nicht mit ins Zimmer nehmen. Der Grund dafür ist der Geruch, der aus der Frucht strömt. Besser gesagt, es stinkt und man kann es trotz lüften, nicht so schnell aus geschlossenen Räumen entfernen.

Durian sieht wie eine Jackfrucht mit vielen, langen Stacheln aus. Das Innere der Frucht ist in 4 bis 6 Segmente geteilt und jedes Teil besitzt mehrere Samen. Den Geschmack kann man nicht beschreiben.

Durian wird als Obst verwendet, sowie in Currygerichten, Marmeladen oder Kuchen.

Vorspeisen und Salate

Nijon
Gurkensalat

Zutaten:

1 große Gurke, schälen, der Länge nach halbieren, mit einem Löffel aushöhlen und die Gurke in dünne Streifen schneiden
Folgende Zutaten mit etwas Salz in einen Mörser geben und zerdrücken:
- 2 Knoblauchzehen, schälen und grob hacken
- 1 kleine Chilischote, Stielansatz abschneiden, der Länge nach halbieren, Samen entfernen und grob hacken

1 grüne Paprikaschote, halbieren, Stielansatz und Samen entfernen und in dünne Streifen schneiden
1 bis 2 dünne Schinkenscheiben, hacken
1 kleiner, geräucherter Fisch, Haut, Kopf und Gräten entfernen und das Fleisch zerkleinern
1 Esslöffel geröstete Erdnüsse, zerdrücken
Etwas Fischsoße (Menge nach Geschmack)
1/4 Teelöffel Zucker
Limettensaft
Salz
Pfeffer

So wird es gemacht:

☺ Alle Zutaten in eine Servierschale geben und gut vermengen ➟ Salat mit Salz und Limettensaft abschmecken und zu Hauptgerichten servieren.

❁❁❁❁❁❁❁❁❁❁

Papayasalat

Zutaten:

1 Papaya (ca. 200 g), halbieren, Samen entfernen, schälen und in dünne Streifen schneiden
100 g geschälte, kleine Krabben
50 g Schweinebauch
Handvoll ungesalzene Erdnüsse, in einen Mörser geben und zerdrücken
3 bis 4 Lauchzwiebeln, hacken
1 bis 2 Knoblauchzehen, schälen und fein hacken oder mit etwas Salz zerdrücken
1 Esslöffel gehackter Koriander
1 Esslöffel Fischsoße
1 Esslöffel Zucker
1 bis 2 Esslöffel Limettensaft oder Essig
1 kleine Chilischote, Stielansatz abschneiden, der Länge nach halbieren, Samen entfernen und hacken
Etwas Wasser
Öl oder Butter
Salz

So wird es gemacht:

☺ Etwas Öl oder Butter in einer Pfanne erhitzen ➟ Krabben dazugeben und braten, bis sie Farbe annehmen, aus der Pfanne nehmen und beiseite stellen.

☺ Das Fleischstück in einen Topf geben und mit Wasser bedecken, etwas Salz dazugeben und ca. 15 Minuten kochen lassen ➟ Fleisch aus dem Topf nehmen und in Würfel oder dünne Streifen schneiden.

☺ Papayastreifen, Fleischstücke, gebratene Krabben, gehackte Lauchzwiebeln, Chili und zerdrückte Erdnüsse in eine Servierschale geben und gut vermengen.

☺ 4 bis 5 Esslöffel Wasser in eine kleine Schale geben ➟ Fischsoße, Knoblauch und Zucker dazugeben und gut verrühren ➟ Soße über den Salat geben, gut vermengen, mit gehacktem Koriander bestreuen und als Vorspeise servieren.

❁❁❁❁❁❁❁❁❁❁

Grüne-Bohnen-Salat

Zutaten:

250 g lange, grüne Bohnen, Stielansätze und Spitzen abschneiden, in ca. 2 cm lange Stücke schneiden, und waschen
50 g geräucherter Fisch, Fleisch von Gräten entfernen und zerkleinern
Handvoll getrocknete Krabben, zerdrücken
Folgenden Zutaten mit etwas Salz in einen Mörser geben und zerdrücken:
- 1 kleine Chilischote, Stielansatz abschneiden, halbieren, Samen entfernen und grob hacken
- 1 bis 2 Knoblauchzehen, schälen und grob hacken

Limettensaft
1 Esslöffel Fischsoße
1 Teelöffel Zucker
Salz

So wird es gemacht:

☺ Die Bohnen mit etwas Salz in einen Topf geben, mit Wasser bedecken und gar kochen ➡ durch ein Sieb geben, abtropfen lassen und auf einen Servierteller geben ➡ die restlichen Zutaten (außer Fisch) dazugeben, gut vermengen, mit Limettensaft und Salz abschmecken ➡ Fischstücke darauf verteilen und servieren.

❁❁❁❁❁❁❁❁❁❁

Kohlsalat

Zutaten:

250 Weißkohl, in feine Streifen schneiden, waschen, in eine Schale geben und mit Wasser bedecken, 1 bis 2 Esslöffel Salz darüber geben, rühren, damit sich das Salz auflöst, ca. 30 Minuten stehen lassen, dann durch ein Sieb geben und abtropfen lassen
2 Hühnerbrüste
2 rote Zwiebeln, schälen, in dünne Scheiben schneiden und ca. 10 Minuten in Essig einlegen, durch ein Sieb geben und auspressen
1 kleine Chilischote, Stielansatz abschneiden, halbieren, Samen entfernen und fein hacken
50 g ungesalzene Erdnüsse, zerdrücken
Limettensaft
2 Esslöffel gehackter Koriander
1 Esslöffel Zucker
Salz

So wird es gemacht:

☺ Hühnerbrust und etwas Salz in einen Topf geben, mit Wasser bedecken und gar kochen, aus dem Wasser nehmen und in große Streifen schneiden.
☺ 2 Esslöffel Limettensaft, etwas Salz, Zucker und gehackten Chili in eine Servierschale geben und gut verrühren ➟ Zwiebeln, Koriander, Hühnerstreifen und Kohl dazugeben und gut vermengen ➟ Erdnüsse darüber streuen und servieren. Dazu kann man Soße servieren (siehe Seite 32).

Lotosstängel-Salat

In Südostasien wird der Lotos als Nutzpflanze angebaut. Fast alle Bestandteile des Lotos sind essbar (Wurzel, Samen, Blätter und Stängel), daraus werden schmackhafte Beilagen, Gemüsegerichte, Salate und Süßspeisen hergestellt.

Zutaten:

250 Lotosstängel, schälen, in ca. 5 bis 6 cm lange Stücke schneiden und in eine Schale geben, 2 bis 3 Esslöffel Limettensaft in ca. 1/2 Liter Wasser verrühren, über die Lotosstücke geben und ca. 30 Minuten stehen lassen, durch ein Sieb geben und abtropfen lassen
150 g große Krabben
100 g Bauchfleisch oder Hühnerbrust
3 bis 4 Karotten, schälen, in dünne Streifen schneiden, in eine Schale geben, mit 1 Esslöffel Zucker bestreuen und ca. 10 Minuten ziehen lassen
Handvoll ungesalzene Erdnüsse, zerdrücken
1 Zwiebel, schälen, halbieren und in dünne Streifen schneiden
1 kleine Zwiebel, schälen und fein hacken
1 Knoblauchzehe, schälen und fein hacken
1 Esslöffel gehackter Koriander
1 kleine Chilischote, Stielansatz abschneiden, halbieren, Samen entfernen und fein hacken
1 lange, milde Chilischote, Stielansatz abschneiden, der Länge nach halbieren, Samen entfernen und in feine Streifen schneiden
1 Limette, auspressen
1 Esslöffel Zucker

2 Teelöffel Fischsoße
4 bis 5 Esslöffel Reisessig
Salz

So wird es gemacht:

☺ Bauchfleisch mit etwas Salz in einen Topf geben, mit Wasser bedecken und gar kochen ➟ durch ein Sieb geben, abtropfen lassen, dann in ca. 3 cm dünne Streifen schneiden.
☺ Garnelen, 1/2 Tasse Wasser, 4 bis 5 Esslöffel Reisessig und etwas Salz in einen Topf geben und 5 bis 6 Minuten kochen lassen ➟ durch ein Sieb geben, abtropfen lassen und die Schalen entfernen.
☺ Lotosstängel und Karotten in eine Schale geben und gut vermengen.
☺ Fischsoße, Knoblauch, 1 Esslöffel Limettensaft, 1 Esslöffel Zucker und gehackten Chili in eine Servierschale geben und gut verrühren ➟ alle Zutaten zur Soße geben, gut vermengen, mit Limettensaft und Salz abschmecken und servieren.

❁❁❁❁❁❁❁❁❁❁

Mangosalat

Zutaten:

2 grüne Mangos, halbieren, Kerne entfernen, schälen und hacken
Ca. 1/2 Tasse getrocknete Krabben, für ca. 15 Minuten in heißem Wasser einweichen, durch ein Sieb geben und abtropfen lassen
1 bis 2 Knoblauchzehen, schälen, mit etwas Salz in einen Mörser geben und zerdrücken
1 Chilischote (Schärfe nach Geschmack), Stielansatz abschneiden, der Länge nach halbieren, Samen entfernen und fein hacken
Limettensaft
Ca. 1 Esslöffel Fischsoße
1 bis 2 Teelöffel Zucker

So wird es gemacht:

☺ Fischsoße, Zucker, Knoblauchpaste, Chili und 1 bis 2 Esslöffel Limettensaft in eine Schale geben und gut verrühren.

☺ Gehackte Mango und eingeweichte Krabben in eine Servierschale geben, Soße darüber geben, gut vermengen und servieren.

❁❁❁❁❁❁❁❁❁❁

Variante 2

Zutaten:

2 grüne Mangos, halbieren, Kerne entfernen, schälen, in dünne Streifen schneiden und in eine Servierschale geben
50 g getrocknete Krabben, 10 Minuten in heißem Wasser einweichen, in ein Sieb geben, abtropfen lassen und hacken
1 geräucherter Fisch, Fleisch von Gräten lösen
2 bis 3 Schalotten, schälen und in feine Scheiben schneiden. Ersatzweise 1 Bund Lauchzwiebeln
2 bis 3 Knoblauchzehen, schälen und grob hacken
1 kleine Chilischote, Stielansatz und Kerne entfernen und grob hacken
1 Esslöffel Zucker
Salz
1 bis 2 Esslöffel Fischsoße

So wird es gemacht:

☺ Knoblauch, Chili und etwas Salz in einen Mörser geben und zerdrücken, Fischsoße und Zucker dazugeben und gut verrühren ➠ mit Salz abschmecken.

☺ Krabben zur Mango geben und gut vermengen ➠ Soße darüber geben, gut vermengen, die Fischstücke darauf verteilen und servieren.

❁❁❁❁❁❁❁❁❁❁

Frische Frühlingsrollen Say Ja

Zutaten:

15 frische Reisblätter
100 g Bauchfleisch oder 3 bis 4 Scheiben Schinken
100 g Garnelenfleisch oder Krabbenfleisch
150 g frische Fadenreis-nudeln. Ersatzweise 100 g getrocknete Fadenreis-nudeln
1 Tasse Sojabohnensprossen
Schnittlauchhalme, waschen (nicht hacken)
Je 1 Bund folgende Kräuter:
- Basilikum, Blätter waschen, abtropfen lassen und hacken
- Petersilie, Blätter waschen, abtropfen lassen und hacken
- Eventuell gehackten Thymian, Pfefferminze und Koriander

Salatblätter, waschen und in dünne Streifen schneiden
Salz

So wird es gemacht:

☝ Falls man Garnelen oder Krabben mit Schalen verwenden möchte, sollte man diese wie folgt vorbereiten:
1/2 Tasse Reisessig. 1 Teelöffel Salz und 1/2 Tasse Wasser in einen Topf geben und zum Kochen bringen ➡ Garnelen oder Krabben dazugeben und 6 bis 7 Minuten kochen lassen, durch ein Sieb geben, abkühlen lassen, dann Schalen entfernen.

☺ Falls Sie getrocknete Fadenreisnudeln verwenden möchten, reichlich Wasser in einen Topf geben und zum Kochen bringen ➡ Nudeln dazugeben und ca. 3 bis 4 Minuten brodeln lassen, durch ein Sieb geben und abtropfen lassen.

☺ Bauchfleisch und etwas Salz in einen Topf geben, mit Wasser bedecken und 15 bis 20 Minuten kochen lassen ➟ Fleisch aus dem Topf nehmen, abkühlen lassen und in dünne, kleine Streifen schneiden.
☺ Die einzelnen, frischen Reisblätter auf einen Teller oder auf die Arbeitsfläche legen und eventuell etwas anfeuchten ➟ die Zutaten einzeln auf das Blatt geben, ausrollen und mit Sojasoße servieren.

❁❁❁❁❁❁❁❁❁❁❁

Frühlingsrollen mit Ei

Die Reisblätter, die man in den Geschäften kauft, sind hart. Deshalb sollten Sie die Angaben zur Vorbereitung der Hersteller, die auf der Packung stehen beachten. Ansonsten, die Blätter mit warmem Wasser anfeuchten, damit man sie rollen kann.

Zutaten:

1 Packung Reisblätter
1 kleine Yambohne, schälen und in dünne Streifen schneiden
100 g Hackfleisch
2 bis 3 Esslöffel getrocknete Krabben, 15 bis 20 Minuten in heißem Wasser einweichen, durch ein Sieb geben und abtropfen lassen
2 Eier, aufschlagen, in eine Schale geben. Etwas Salz dazugeben und gut verrühren
1 Bund verschiedene Kräuter, Basilikum, Koriander, Petersilie, Thymian....), Blätter waschen und hacken
4 bis 5 Knoblauchzehen, schälen und mit etwas Salz in einen Mörser geben und zerdrücken
Öl, zum Braten

So wird es gemacht:

☺ Etwas Öl in eine Pfanne geben und erhitzen ➡ Eier dazugeben und von beiden Seiten braten ➡ aus der Pfanne nehmen, abkühlen lassen und in dünne, kleine Streifen schneiden.

☺ Krabben mit etwas Knoblauchpaste in eine Schale geben und gut vermengen.

☺ Hackfleisch und Knoblauchpaste in eine Schale geben und gut vermengen.

☺ Reichlich Wasser und etwas Salz in einen Topf geben und zum Kochen bringen, Yamstreifen dazugeben und kurz brodeln lassen, durch ein Sieb geben und abtropfen lassen.

☺ Etwas Öl in einer Pfanne erhitzen ➡ Krabben dazugeben und braten, bis sie Farbe annehmen, aus der Pfanne nehmen und beiseite stellen ➡ das Hack in der gleichen Pfanne braten, bis die Flüssigkeit verdampft ist, aus der Pfanne nehmen und beiseite stellen.

☺ Ein Reisblatt auf der Arbeitsplatte oder auf einem Teller ausbreiten und mit warmem Wasser einweichen ➡ 1 bis 2 Esslöffel Hackfleisch auf das Blatt geben, dann etwas von den restlichen Zutaten darauf geben ➡ die Seiten des Blattes über der Füllung einklappen und vorsichtig aufrollen. Damit die Rolle beim Backen nicht aufgeht, das Ende des Blattes mit etwas Eiweiß bepinseln. Auf die gleiche Art, die restlichen Reisblätter füllen, bis die Zutaten verbraucht sind.

☺ Öl in eine Pfanne geben und erhitzen ➡ die fertig gerollten Reisblätter in das heiße Öl geben und knusprig braten ➡ aus der Pfanne nehmen und auf Küchenpapier legen, damit das überschüssige Öl aus den Rollen entfernt wird.

Die gebratenen Rollen mit Soße als Beilage servieren (siehe Seite 32).

Frühlingsrollen mit Hähnchenfüllung

Zutaten:

250 g Hühnerbrust, waschen, in dünne Streifen schneiden und fein hacken
3 bis 4 Schalotten, schälen und hacken
2 Karotten, schälen, vierteln und in dünne Streifen schneiden
Je 1 Esslöffel:
- Sojasoße
- Fischsoße

2 bis 3 Knoblauchzehen, schälen, mit etwas Salz in einen Mörser geben und zerdrücken
1 Packung Reisblätter
Eiweiß oder 1 Esslöffel Mehlstärke in ca. 1/2 Tasse Wasser auflösen
Öl, zum Braten

So wird es gemacht:

☺ Hähnchenfleisch, Knoblauchpaste, Karotten, Schalotten, Sojasoße und Fischsoße in eine Schale geben und gut vermengen.

☺ Ein Reisblatt auf der Arbeitsplatte oder auf einem Teller ausbreiten und mit warmem Wasser einweichen ➟ ein paar Esslöffel Füllung der Länge nach auf das Reisblatt geben, die Seiten des Blattes über der Füllung einklappen und vorsichtig aufrollen. Damit die Rolle beim Backen nicht aufgeht, das Ende des Blattes mit etwas Eiweiß oder aufgelöster Mehlstärke bepinseln. Auf die gleiche Art, die restlichen Reisblätter füllen, bis die Zutaten verbraucht sind.

☺ Öl in einer Pfanne erhitzen ➟ die fertigen Reisrollen dazugeben und knusprig braten ➟ aus der Pfanne nehmen und auf Küchenpapier geben, damit das überschüssige Öl aus den Rollen entfernt wird ➟ heiß mit Soße (siehe Seite 32) als Beilage servieren.

Vegetarische Frühlingsrollen

Zutaten:

1 Packung Reisblätter
1/2 Packung Tofu, in dünne Streifen schneiden oder hacken
1½ bis 2 Tassen gehackte Yambohnen, mit der Hand auspressen und in eine Schale geben. Ersatzweise Kohlrabi
2 bis 3 Karotten, schälen und hacken
1 Bund Lauchzwiebeln, in längliche, dünne Streifen schneiden
4 bis 5 Blätter Weißkohl, waschen und hacken
2 bis 3 Knoblauchzehen, schälen, mit etwas Salz in einen Mörser geben und zerdrücken
1 Esslöffel Sojasoße
Etwas Zucker
Eiweiß oder 1 Esslöffel Mehlstärke in ca. 1/2 Tasse Wasser auflösen
Öl, zum Braten

So wird es gemacht:

☺ Karotten, Tofu, Weißkohl, Lauchzwiebeln, Knoblauchpaste, Sojasoße und etwas Zucker zum Yam geben und gut vermengen.
☺ Ein Reisblatt auf einen Teller geben und mit warmem Wasser anfeuchten, damit man es ausrollen kann ➡ ein paar Esslöffel Füllung länglich auf das Reisblatt geben, die Seiten des Blattes über der Füllung einklappen und vorsichtig aufrollen. Damit die Rolle beim Backen nicht aufgeht, das Ende des Blattes mit etwas Eiweiß oder aufgelöster Mehlstärke bepinseln. Auf die gleiche Art, die restlichen Reisblätter füllen, bis die Zutaten verbraucht sind.
☺ Öl in einer Pfanne erhitzen und die Reisrollen darin knusprig braten, aus der Pfanne nehmen und auf Küchenpapier legen, damit das überschüssige Öl entfernt wird ➡ heiß oder warm mit Soße als Beilage servieren.

Frühlingsrollen mit Krabben

Zutaten:

1 Packung Reisblätter
250 g Krabbenfleisch, hacken
1½ bis 2 Tassen gehackte Yambohnen, auspressen und in eine Schale geben
1 Tasse Sojabohnensprossen, grob hacken, waschen und abtropfen lassen
1 Bund Lauchzwiebeln, hacken
1 bis 2 Knoblauchzehen, schälen, mit etwas Salz in einen Mörser geben und zerdrücken
1 Esslöffel Sojasoße
1 Esslöffel Fischsoße
Etwas Zucker
Eiweiß oder 1 Esslöffel Mehlstärke in ca. 1/2 Tasse Wasser auflösen
Öl, zum Braten

So wird es gemacht:

☺ Alle Zutaten (außer Öl) zu den Yambohnen geben und gut vermengen.
☺ Ein Reisblatt auf einen Teller geben und mit warmem Wasser anfeuchten, damit man es ausrollen kann ➟ ein paar Esslöffel Füllung länglich auf das Reisblatt geben, die Seiten des Blattes über der Füllung einklappen und vorsichtig aufrollen. Damit die Rolle beim Backen nicht aufgeht, das Ende des Blattes mit etwas Eiweiß oder aufgelöster Mehlstärke bepinseln. Auf die gleiche Art, die restlichen Reisblätter füllen, bis die Zutaten verbraucht sind.
☺ Öl in einer Pfanne erhitzen und die Reisrollen darin knusprig braten, aus der Pfanne nehmen und auf Küchenpapier legen, damit das überschüssige Öl entfernt wird ➟ heiß oder warm mit Soße als Beilage servieren.

❁❁❁❁❁❁❁❁❁❁

Fleisch mit Sesam

Zutaten:

250 g Fleisch, in dünne Streifen schneiden (ca. 3 cm), waschen, abtropfen lassen und in eine Schale geben
2 bis 3 Esslöffel Sesamkerne
1 Esslöffel Sojasoße
1 Teelöffel Fischsoße
1 Teelöffel feiner, brauner Zucker
2 bis 3 Knoblauchzehen, schälen, mit etwas Salz in einen Mörser geben und zerdrücken
Salz
Pfeffer
Ein paar Esslöffel Sesamöl

So wird es gemacht:

☺ Sesamkerne in einer Pfanne ohne Öl rösten und beiseite stellen.

☺ Alle Zutaten (außer gerösteten Sesam) zum Fleisch geben, gut vermengen, Schale zudecken und einige Stunden ziehen lassen. Zwischendurch wenden.

☺ Die eingelegten Fleischstücke kann man grillen oder im Backofen backen oder in einer Pfanne braten, dann in eine Servierschale geben, mit geröstetem Sesam bestreuen und heiß servieren.

❁❁❁❁❁❁❁❁❁❁

Austernsalat

Zutaten:

12 Austern, nur geschlossene Austern verwenden
5 bis 6 Esslöffel Mehl, auf einen Teller geben
1 bis 2 Knoblauchzehen, schälen, mit etwas Salz in einen Mörser geben und zerdrücken
Salz
Pfeffer
Öl, zum Braten

1 Kopfsalat, Blätter waschen und abtropfen lassen

So wird es gemacht:

☺ Die Austern gründlich waschen, Schalen aufmachen, Fleisch aus der Schale entfernen und in eine Schale geben ➠ Knoblauchpaste und Pfeffer dazugeben und gut vermengen.
☺ Einen Servierteller mit Salatblättern belegen.
☺ Öl in einer Pfanne erhitzen ➠ Austernfleisch im Mehl wälzen, in die Pfanne geben, goldbraun braten, aus der Pfanne nehmen, abtropfen lassen, auf die Salatblätter geben und servieren.

❁❁❁❁❁❁❁❁❁❁

Fischsalat

Zutaten:

1 mittelgroßer Fisch
100 g Sojabohnensprossen, waschen und abtropfen lassen
4 bis 5 Esslöffel ungesalzene Erdnüsse, zerdrücken
3 bis 4 Schalotten, schälen und in feine Streifen schneiden
Folgende Zutaten mit etwas Salz in einen Mörser geben und zerdrücken:
  2 bis 3 Knoblauchzehen, schälen und grob hacken
  1 kleine Chilischote (Schärfe nach Geschmack), Stielansatz abschneiden, der Länge nach halbieren, Samen entfernen und grob hacken
1 Esslöffel Sojasoße
1 Esslöffel Fischsoße
Etwas Zucker
Limettensaft oder Essig
Salz

So wird es gemacht:

☺ Sojabohnensprossen in kochendem Wasser kurz blanchieren, durch ein Sieb geben, abtropfen lassen und auf einen Servierteller oder in eine Schale geben.

☺ Den Fisch kann man auf drei Arten zum Verzehr vorbereiten:

① Über einem Grill garen.

② In eine tiefe Pfanne geben, mit Wasser bedecken und gar kochen.

③ In Alufolie gewickelt und im vorgeheizten Backofen (180°C) ca. 10 Minuten backen.

Nach dem Garen, Haut und Gräten entfernen, das Fleisch in Stücke schneiden und beiseite stellen.

☺ Sojasoße, Fischsoße, Knoblauchpaste, etwas Zucker und Limettensaft oder Essig in eine kleine Schale geben, gut vermengen, über die Sojabohnensprossen gebe und gut vermengen ➟ mit Salz und Limettensaft abschmecken ➟ Fischstücke darauf verteilen, zerdrückte Erdnüsse darüber streuen und servieren.

❁❁❁❁❁❁❁❁❁❁

Huhn in Hoisinsoße

Zutaten:

2 bis 3 Hühnerbrüste, in Würfel schneiden (ca. 3x3 cm), waschen, abtropfen lassen und in eine Schale geben
2 bis 3 Knoblauchzehen, schälen, mit etwas Salz in einen Mörser geben und zerdrücken
1 Esslöffel Hoisinsoße
1 Esslöffel Fischsoße
Etwas Zucker
1 Tasse Mehl
Chilisoße, Menge nach Geschmack
Öl, zum Braten

So wird es gemacht:

☺ Knoblauchpaste und Mehl zu den Hähnchenwürfeln geben, gut vermengen und beiseite stellen.
☺ Öl in einer Pfanne erhitzen ➟ Hähnchenwürfel dazugeben, knusprig braten, aus der Pfanne nehmen und abtropfen lassen. Dann in eine Servierschale geben und warm halten.
☺ 4 bis 5 Esslöffel Wasser in einen kleinen Topf oder eine Pfanne geben, Chilisoße, Fischsoße, Hoisinsoße, etwas Zucker und 1 Esslöffel Mehl dazugeben und gut vermengen ➟ köcheln lassen, bis die Soße dicker wird ➟ die noch heiße Soße über die Fleischstücke geben und servieren.

❁❁❁❁❁❁❁❁❁❁

Boeng Tongl See

Beilagen, Soßen und eingelegte Zutaten

Tomatensoße

Zutaten:

2 große Tomaten
1 Esslöffel Tomatenmark, in 1/4 Tasse warmem Wasser auflösen
1 Knoblauchzehe, schälen und grob hacken
1 kleine, rote Zwiebel, schälen und hacken
1 Teelöffel Zucker
Tabascosoße, Menge nach Geschmack
Öl

So wird es gemacht:

☺ Knoblauch, Zwiebeln und etwas Salz in einen Mörser geben und zerdrücken.

☺ Tomatenhaut mit einem scharfen Messer anritzen ➟ in einen Topf geben und mit kochendem Wasser überbrühen und ein paar Minuten in kochendem Wasser stehen lassen ➟ dann die Tomaten aus dem Topf nehmen, Haut abziehen, halbieren, Stielansätze abschneiden, Samen entfernen und hacken.

☺ 2 bis 3 Esslöffel Öl in einer Pfanne oder einem Topf erhitzen ➟ zerdrückte Knoblauch-Zwiebelpaste dazugeben und kurz dünsten ➟ Tomaten untermengen und dünsten, bis ein Teil der Flüssigkeit verdampft ist ➟ aufgelöstes Tomatenmark und Zucker dazugeben, gut verrühren und ein paar Minuten köcheln lassen ➟ mit Tabasco abschmecken und zu Hauptgerichten oder Vorspeisen servieren.

****

Süße Soße

Zutaten:

4 bis 5 Knoblauchzehen, schälen und fein hacken
1 Bund Lauchzwiebeln, nur die weißen Teile fein hacken
1/8 Tasse Zucker
1/8 Tasse Fischsoße
1/8 Tasse Weinessig
1/2 Tasse Wasser

So wird es gemacht:

☺ Knoblauch und Lauchzwiebeln für ein paar Stunden in Essig legen ➟ Zucker, Fischsoße und Wasser dazugeben und rühren, bis der Zucker aufgelöst ist ➟ zu Frühlingsrollen servieren.

****

Tamarindesoße

Zutaten:

3 bis 4 Esslöffel Tamarinde
1 Tasse Wasser
3 bis 4 Esslöffel Fischsoße
4 bis 5 Knoblauchzehen, schälen und fein hacken
3 bis 4 Schalotten, schälen und fein hacken
2 Esslöffel Zucker
Salz
Öl

So wird es gemacht:

☺ Tamarinde in 1 Tasse Wasser einweichen, dann zwischen den Fingern reiben, durch ein Sieb geben und die Flüssigkeit in einer Schale auffangen ➟ Zucker, Fischsoße und 1/2 Teelöffel Salz dazugeben und rühren, bis der Zucker aufgelöst ist ➟ beiseite stellen.

☺ Etwas Öl in einer Pfanne oder einem kleinen Topf erhitzen

➟ einen Teil der Schalotten dazugeben und glasig dünsten ➟ Knoblauch untermengen und kurz dünsten ➟ Tamarindenwasser darüber gießen, umrühren und kurz zum Brodeln bringen ➟ die Soße in eine Servierschale geben, die restlichen Schalotten darüber geben und servieren.

Diese Soße wird zu Fischgerichten, vor allem zum gekochten Fisch serviert.

****

Erdnusssoße

Zutaten:

2 Esslöffel Erdnussbutter
50 ml Kokosnussmilch
50 ml Wasser
2 Esslöffel feiner, brauner Zucker
Limettensaft
1/4 Teelöffel Currypulver
Chilipulver, Menge nach Geschmack
Salz

So wird es gemacht:

☺ Wasser und Kokosnussmilch in einen kleinen Topf geben, umrühren und zum Kochen bringen ➟ Erdnussbutter, Zucker, Currypulver, etwas Limettensaft und Salz dazugeben, umrühren und kurz brodeln lassen ➟ Topf vom Herd nehmen, die Soße mit Salz und Limettensaft abschmecken, in eine Servierschale geben und kalt servieren.

****

Hoisinsoße

Zutaten:

3 bis 4 Esslöffel Hoisinsoße
1 Esslöffel heißes Wasser
1 Esslöffel Limettensaft
1 Teelöffel Zucker
Ein paar Tropfen Chilisoße
1 Handvoll Erdnüsse, zerdrücken

So wird es gemacht:

☺ Alle Zutaten (außer Erdnüsse) in eine kleine Schale geben und gut vermengen ➟ zerdrückte Erdnüsse darüber streuen und servieren.

****

Krabbensoße

Zutaten:

2 Esslöffel Krabbenpaste
4 bis 5 Esslöffel heißes Wasser
1 Knoblauchzehe, schälen, mit etwas Salz in einen Mörser geben und zerdrücken
Limettensaft
Chilisoße, Menge nach Geschmack
1 Teelöffel Zucker

So wird es gemacht:

☺ Wasser und Zucker in eine kleine Schale geben und rühren, bis der Zucker aufgelöst ist ➟ die restlichen Zutaten dazugeben, gut verrühren, mit Limettensaft und Chilisoße abschmecken und zu Fischgerichten servieren.

****

Auberginensoße

Zutaten:

1 kleine Aubergine. (Falls zu bekommen, 250 g kleine, grüne Sorte. Sie schmeckt angenehm bitter und hat sehr viele Kerne)
3 bis 4 Knoblauchzehen, schälen, mit etwas Salz in einen Mörser geben und zerdrücken
1 Bund Zitronengras, hacken
1 Chilischote, Stielansatz abschneiden, der Länge nach halbieren, Samen entfernen und fein hacken
1 Esslöffel Fischsoße
1/2 Tasse Wasser
Etwas Zucker
Salz
Pfeffer
Öl

So wird es gemacht:

☺ Falls möglich, die Aubergine auf einem Grill backen oder gut mit Alufolie umhüllen und im vorgeheizten Backofen (200°C) ca. 25 Minuten garen ➟ Schale abschaben, Stielansatz entfernen, in eine Schale geben und mit einer Gabel pürieren.
☺ Etwas Öl in einer Pfanne erhitzen, Knoblauchpaste, Chili und Zitronengras dazugeben, umrühren, kurz dünsten und mit Zucker und Fischsoße abschmecken ➟ Wasser dazugeben, umrühren und zum Kochen bringen ➟ pürierte Auberginen dazugeben, gut vermengen und kurz zum Brodeln bringen, dann in eine Servierschale geben und zu Gemüse und Reisgerichten servieren.

****

Sardellensoße

Zutaten:

4 Esslöffel eingelegte Sardellenpaste (Anchovy-paste)
Folgende Zutaten mit etwas Salz in einen Mörser geben und zerdrücken:
- 1 bis 2 Knoblauchzehen, schälen und grob hacken
- 1 kleine Chilischote, Stielansatz abschneiden, halbieren, Samen entfernen und grob hacken

1 Esslöffel zerdrücktes Zitronengras
1 Tasse Wasser
1 Esslöffel Zucker
Limettensaft
3 bis 4 Esslöffel zerdrückte Erdnüsse
Öl

So wird es gemacht:

☺ Etwas Öl in einem Topf erhitzen ➟ Knoblauch-Chilipaste und Zitronengras dazugeben und kurz dünsten ➟ Wasser darüber gießen und umrühren ➟ Sardellenpaste und Zucker dazugeben und rühren bis der Zucker aufgelöst ist, dabei zum Kochen bringen, bis die Soße anfängt zu brodeln ➟ Topf vom Herd nehmen und in eine Servierschale geben ➟ Soße mit Limettensaft abschmecken, Erdnüsse darüber streuen und zu Hauptgerichte servieren.

❋❋❋❋❋❋❋❋❋❋❋

Scharfe Sojasoße

Zutaten:

1 Esslöffel Sojasoße
Chilisoße, Menge nach Geschmack
2 Esslöffel Zucker
5 bis 6 Esslöffel heißes Wasser
Limettensaft
Zerdrückte Erdnüsse

So wird es gemacht:

☺ Wasser und Zucker in eine kleine Schale geben und rühren, bis der Zucker aufgelöst ist ➟ Sojasoße, Chilisoße und etwas Limettensaft dazugeben und gut verrühren ➟ mit Limettensaft abschmecken, zerdrückte Erdnüsse darüber streuen und zu Frühlingsrollen servieren.

❄❄❄❄❄❄❄❄❄❄

Fischdip

Zutaten:

1 geräucherter Fisch (ca. 100 g), Haut und Gräten entfernen
Handvoll getrocknete Krabben, ca. 15 Minuten in Wasser einweichen, abtropfen lassen und hacken
1 Chilischote, Schärfe nach Geschmack, Stielansatz abschneiden, der Länge nach halbieren, Samen entfernen und fein hacken
1 Teelöffel Fischsoße
1 Esslöffel eingelegte Fischpaste (Pahock/Parhok)
2 bis 3 Schalotten, schälen und hacken
2 bis 3 Knoblauchzehen, schälen und hacken
Limettensaft
Salz
Öl

So wird es gemacht:

☺ Sehr wenig Öl in einer Pfanne erhitzen, Schalotten, Knoblauch und Chili dazugeben und dünsten bis sie Farbe annehmen, aus der Pfanne nehmen und in einen Mörser geben ➟ Fischfleisch, Krabben und Fischpaste dazugeben, gut vermengen und die Masse zerdrücken.

☺ Fischmasse in eine Schale geben ➟ 1 Tasse kochendes Wasser darüber geben und gut vermengen, mit Salz, Zucker und Limettensaft abschmecken und zu Hauptgerichten oder Frühlingsrollen servieren.

✻✻✻✻✻✻✻✻✻✻

Hackfleischdip

Zutaten:

75 g Hackfleisch
1 kleiner, geräucherter Fisch, Haut und Gräten entfernen, das Fleisch zerkleinern und zerdrücken
1 Teelöffel eingelegte Fischpaste
1/2 Tasse Kokosnussmilch
3 bis 4 Esslöffel dicke Kokosnussmilch (Kokosnusscreme)
1 Esslöffel zerdrückte Erdnüsse
1 Esslöffel zerdrücktes Zitronengras
2 Schalotten, schälen und hacken
2 bis 3 Knoblauchzehen, schälen und hacken
1 Esslöffel gehackte Petersilie
1 bis 2 getrocknete Chilischoten, ca. 15 Minuten in Wasser einweichen, Stielansätze abschneiden und hacken. Eventuell Samen entfernen
1 kleines Stück (ca. 1/2 cm) Galangalwurzel
1/2 Teelöffel Kurkuma
1 Prise Zucker
Salz

So wird es gemacht:

☺ Hackfleisch, Fisch und Fischpaste zusammen vermengen.
☺ Galangalwurzel, Schalotten, Knoblauch, Petersilie, Kurkuma, Zitronengras, Chili und etwas Salz in einen Mörser geben und zu einer feinen Paste zerdrücken.
☺ Dicke Kokosnussmilch (Kokosnusscreme) in einen Topf geben und erhitzen ➡ Gewürzpaste und Hackfleisch dazugeben, gut vermengen, zerdrückte Erdnüsse und 1/2 Tasse Kokosnussmilch darüber geben, umrühren und köcheln lassen, bis die Soße dicker wird, mit Salz abschmecken, in eine kleine Servierschale geben und zu Gemüse servieren.

✻✻✻✻✻✻✻✻✻✻

Grüne-Auberginen-Dip

Zutaten:

250 g kleine, grüne Auberginen (sehen wie Weintrauben aus), waschen und abtropfen lassen
50 g Krabbenfleisch, fein hacken
1 Esslöffel Fischsoße
1 Esslöffel eingelegte Fischpaste (Pahok/Parhok)
2 Esslöffel gehacktes Zitronengras
2 bis 3 Knoblauchzehen, schälen, mit etwas Salz in einen Mörser geben und zerdrücken
1 Teelöffel Zucker
Chilipulver, Menge nach Geschmack
Salz
Öl

So wird es gemacht:

☺ Die Auberginen in einer Pfanne rösten, bis sie Farbe annehmen, in einen Mörser geben und zerdrücken.

☺ Öl in einer kleinen Pfanne erhitzen, Knoblauchpaste, Krabben, Zitronengras, Chilipulver, etwas Fischsoße und Zucker dazugeben und gut vermengen ➟ 1 Tasse Wasser über die Masse geben und verrühren ➟ Fischpaste und Auberginenpaste dazugeben, gut verrühren, abschmecken und kochen lassen, bis die Masse anfängt zu brodeln ➟ heiß zu Reis- oder Gemüsegerichten servieren.

****

Eingelegter-Fisch-Dip

Zutaten:

4 Esslöffel Fischpaste (Pahok/Parhok)
1 kleine Chilischote, Stielansatz abschneiden, der Länge nach halbieren, Samen entfernen und fein hacken
2 Knoblauchzehen, schälen, mit etwas Salz in einen Mörser geben und zerdrücken
1 bis 2 Esslöffel gehacktes Zitronengras
1 Teelöffel Zucker
Limetten- oder Zitronensaft
2 bis 3 Esslöffel Erdnüsse, feine Schalen entfernen und zerdrücken
Öl

So wird es gemacht:

☺ Etwas Öl in einer Pfanne erhitzen, Knoblauchpaste dazugeben und kurz dünsten, Zitronengras und Chili dazugeben und umrühren ➟ 1 Tasse Wasser in die Pfanne geben, Zucker und Fischpaste dazugeben, gut verrühren und zum Kochen bringen. Wenn die Soße anfängt zu brodeln, Pfanne vom Herd nehmen ➟ Fischdip mit Limetten– oder Zitronensaft abschmecken, in eine Servierschale geben, zerdrückte Erdnüsse darüber streuen und servieren.

✳✳✳✳✳✳✳✳✳✳

Eingelegte Bohnensprossen

Zutaten:

500 g Bohnensprossen, waschen und abtropfen lassen
1 kleine Chilischote, Stielansatz abschneiden und in dünne Streifen schneiden
1 Bund Schnittlauch, in 3 bis 4 cm lange Streifen schneiden, waschen und abtropfen lassen
2 bis 3 Teelöffel Salz
2 bis 3 Esslöffel Zucker

So wird es gemacht:

☺ 1 Liter Wasser, Salz und Zucker in einen Topf geben, umrühren bis der Zucker und das Salz aufgelöst sind, dabei zum Kochen bringen ➟ Topf vom Herd nehmen und beiseite stellen.

☺ Bohnensprossen, Schnittlauch und Chili in eine Schale geben, gut vermengen und in ein Gefäß oder ein Glas geben ➟ mit abgekühlter Wasserlösung bedecken und ein paar Tage stehen lassen.

Vermerk:
Einen Teller auf die Gemüse geben, dann eine kleine Schale darauf stellen und mit Wasser füllen, damit bleiben die Gemüse unterhalb des Wasserspiegels.

****

Eingelegter Knoblauch

Zutaten:

Knoblauchzehen, Menge nach Belieben
Salz und Weinessig

So wird es gemacht:

☺ Knoblauchzehen schälen und in einem Glas schichten ➟ Salz in Essig auflösen ➟ Knoblauchzehen damit bedecken ➟ Glas schließen und für ca. 5 bis 6 Monate stehen lassen.

✳✳✳✳✳✳✳✳✳✳✳

Eingelegte Pfefferschoten

Zutaten:

125 g Pfefferschoten, der Länge nach halbieren, Samen entfernen und in Scheiben oder Streifen schneiden
125 g kleine Tomaten, in Scheiben schneiden
2 bis 3 Zwiebeln, schälen und in Scheiben schneiden
150 g brauner Zucker
200 ml Essig
je 1 Teelöffel Nelkenpulver und Zimt
30 g Salz

So wird es gemacht:

☺ Pfefferschoten und Tomatenscheiben waschen und abtropfen lassen.
☺ Zwiebeln, Pfefferschoten und Tomaten in eine Schale geben und mit Salz bestreuen ➟ einen Teller oder eine Schale mit Wasser darauf stellen und das Ganze über Nacht stehen lassen ➟ in ein Sieb geben und abtropfen lassen.
☺ In einen Topf geben und mit Zucker, Nelkenpulver und Zimt bestreuen ➟ Essig darüber gießen und umrühren ➟ auf kleiner Flamme ca. 1½ bis 2 Stunden köcheln lassen ➟ in Gläser füllen und 1 Woche stehen lassen.

Eingelegter Senfkohl

Zutaten:

500 g Senfkohl, wird im asiatischen Lebensmittelhandel als „Pak Choi=chinesischer Senfkohl“ angeboten
3 bis 4 Esslöffel Salz
1 Esslöffel Zucker

So wird es gemacht:

☺ 3 Tassen Wasser, Zucker und Salz in einen Topf geben und zum Kochen bringen, dabei rühren, bis der Zucker und das Salz aufgelöst sind ➟ Topf vom Herd nehmen, beiseite stellen und abkühlen lassen.

☺ Senfkohl der Länge nach halbieren, dann längs vierteln ➟ reichlich Wasser in einen Topf geben und zum Kochen bringen ➟ Senfkohl dazugeben und blanchieren, durch ein Sieb geben, abtropfen und abkühlen lassen.

☺ Senfkohl in einem trockenen Glas oder einer Schale schichten ➟ Wasserlösung darüber gießen „der Kohl muss mit der Wasserlösung bedeckt sein“, einen kleinen Teller darauf stellen, dann eine kleine Schale mit Wasser füllen und auf den Teller stellen, damit wird sicher gestellt, das der Kohl bedeckt wird ➟ nach 3 bis 4 Tagen kann der Kohl als Beilage verwendet werden.

✳✳✳✳✳✳✳✳✳✳

Suppen Samlar

Gemüse-Fisch-Suppe

Zutaten:

1 Fisch (200 bis 300 g), in Stücke schneiden, waschen und abtropfen lassen
Ca. 500 g verschiedene Gemüsesorten:
Auberginen, Blumenkohl, Zucchini, Kochbananen, grüne Papaya, Kürbis, frische, grüne Bohnen (man kann auch Jackfrucht verwenden)
1 Bund Lauchzwiebeln, hacken
1 rote Zwiebel, schälen und hacken
4 bis 5 Esslöffel Bruchreis
2 Esslöffel grob gehackte Petersilie
1 Esslöffel gehackter Koriander
1 Bund Zitronengras, fein hacken
1 Teelöffel Galangalwurzel, fein hacken
1 bis 2 Esslöffel Fischsoße
1 Teelöffel Kurkumapulver
4 bis 5 Knoblauchzehen, schälen, mit etwas Salz in einen Mörser geben und zerdrücken
1 bis 2 Esslöffel feiner, brauner Zucker
Salz
Öl
4 bis 5 Tassen Wasser

So wird es gemacht:

☺ Die Gemüse zum Kochen vorbereiten:
Kochbananen, Kürbis, Papaya und Auberginen schälen und in Würfel schneiden.
Lange Bohnen vierteln.
Zucchini in Scheiben schneiden.
Blumenkohl zerkleinern.

☺ Etwas Öl in einem Topf erhitzen ➟ Zwiebeln dazugeben und glasig dünsten ➟ die restlichen Gewürze untermengen und kurz dünsten ➟ Fischstücke in die Gewürzmischung geben, gut vermengen und 3 bis 4 Minuten dünsten ➟ etwas Wasser darüber geben und rühren ➟ die vorbereiteten Gemüse und Reis dazugeben und gut vermengen ➟ 4 bis 5 Tassen Wasser darüber gießen, umrühren, abschmecken und kochen lassen, bis die Gemüse gar sind ➟ Topf vom Herd nehmen, die Suppe in eine Servierschale geben und heiß servieren.

****

Spinatsuppe

Zutaten:

250 g Blattspinat, grob hacken, waschen und abtropfen lassen
2 Zucchini, schälen und in Würfel scheiden
50 g Krabbenfleisch
1 Bund Lauchzwiebeln, hacken
1 bis 2 Esslöffel Fischsoße
1 Esslöffel Zucker
4 bis 5 Tassen Wasser
Salz
Pfeffer

So wird es gemacht:

☺ Krabben, Lauchzwiebeln, Fischsoße, Zucker, Pfeffer und etwas Salz in eine Schale geben, gut vermengen und beiseite stellen.

☺ Wasser in einen Topf geben und zum Kochen bringen ➟ Spinat und Zucchini dazugeben und umrühren. Wenn die Suppe anfängt zu brodeln, die eingelegten Krabben mit der Soße zur Suppe geben, umrühren und abschmecken ➟ die Suppe in eine Servierschale geben, heiß mit Reis als Beilage servieren.

****

Süßsaure Suppe mit Fisch

Zutaten:

500 g Fischfilets, in Stücke schneiden, waschen und abtropfen lassen
100 g Bohnensprossen
50 g kleine Okraschoten, Stielansätze abscheiden und halbieren
1 kleine Dose Ananas. Die Ananasstücke hacken
2 große Tomaten, in größere Würfel schneiden
1 bis 2 Knoblauchzehen, schälen, mit etwas Salz in einen Mörser geben und zerdrücken
2 bis 3 Lauchzwiebeln, hacken
1 bis 2 Chilischoten (Menge nach Geschmack), Stielansätze abschneiden, der Länge nach halbieren, Samen entfernen und hacken
2 Esslöffel Tamarindemark oder 1 Esslöffel Tamarindepulver
1 bis 2 Esslöffel Fischsoße
1 Esslöffel gehackter Basilikum
1 Esslöffel gehackter Koriander
2 Esslöffel Zucker
Salz

So wird es gemacht:

☺ Tamarinde ca. 30 Minuten in 1/2 Tasse heißem Wasser einweichen ➟ die eingeweichte Tamarinde mit beiden Händen zerdrücken, mit dem Wasser verrühren und weitere 10 Minuten stehen lassen ➟ durch ein Sieb geben und die Flüssigkeit in einem Topf auffangen, die im Sieb befindliche Tamarinde durchpressen und mit dem Wasser verrühren.

☺ 5 Tassen Wasser und aufgelöste Tamarinde in einen Topf geben und zum Kochen bringen ➟ Fischstücke in das kochende Wasser geben, ca. 10 Minuten kochen lassen, dann mit einer Schöpfkelle aus der Brühe nehmen und beiseite stellen ➟ Topf auf dem Herd lassen.

☺ Okrastücke und Knoblauchpaste in die Brühe geben und 5 bis 6 Minuten kochen lassen, Tomatenstücke und Ananas dazugeben und weitere 5 bis 6 Minuten kochen lassen ➟ die restlichen Zutaten dazugeben, aufkochen und abschmecken ➟ Fischstücke in die Suppe geben und Topf vom Herd nehmen ➟ die Suppe mit Reis und Fischsoße als Beilage servieren.

****

Kürbissuppe

Zutaten:

300 bis 400 g Kürbisfruchtfleisch, in 3 cm Würfel schneiden
150 bis 200 g Hackfleisch
4 Tassen Wasser
2 bis 3 Stangen Lauchzwiebeln, fein hacken
1 Esslöffel gehackter Schnittlauch
1 Knoblauchzehe, schälen, mit etwas Salz in einen Mörser geben und zerdrücken
Petersilienblätter
Salz
Pfeffer
4 Tassen Wasser oder Gemüsebrühe

So wird es gemacht:

☺ Hackfleisch, Knoblauchpaste, Lauchzwiebeln, etwas Pfeffer und Salz in eine Schale geben und gut vermengen ➟ aus der Mischung kleine Kugeln formen und beiseite stellen.

☺ Wasser in einen Topf geben und zum Kochen bringen ➟ Kürbiswürfel dazugeben und 4 bis 5 Minuten kochen lassen ➟ Fleischkugeln in die Suppe geben und weitere 10 Minuten kochen lassen ➟ Petersilie und Schnittlauch untermengen, mit Salz abschmecken und servieren.

****

Reissuppe mit Fleisch

Zutaten:

250 g mageres Fleisch, in kleine Würfel schneiden, waschen und abtropfen lassen
1/2 Tasse Langkornreis, waschen und abtropfen lassen
1 Zwiebel, schälen und hacken
1 bis 2 Knoblauchzehen, schälen, mit etwas Salz in einen Mörser geben und zerdrücken
2 bis 3 Stangen Lauchzwiebeln, hacken
1 Esslöffel Zucker
1/2 cm Ingwerwurzel, schälen und hacken
1 Esslöffel Sojasoße
1 Esslöffel (oder mehr) Fischsoße
Salz
Pfeffer
Öl
1,5 Liter Wasser

So wird es gemacht:

☺ 1 bis 2 Esslöffel Öl in einen Topf geben und erhitzen ➟ Reis dazugeben und unter Rühren braten, bis die Reiskörner etwas Farbe annehmen ➟ Fleischwürfel, Knoblauchpaste, Ingwer und Zwiebel dazugeben und gut vermengen ➟ Wasser darüber gießen ➟ Zucker, Fischsoße, Sojasoße, Salz und Pfeffer dazugeben, gut verrühren und zum Kochen bringen ➟ bei mittlerer Hitze Kochen lassen, bis der Reis und die Fleischwürfel gar sind ➟ Petersilie und Lauchzwiebeln dazugeben, abschmecken und heiß servieren.

✻✻✻✻✻✻✻✻✻✻

Fischsuppe

Zutaten:

250 g Fischfilets, durch den Fleischwolf drehen oder sehr fein hacken
1 kleine Dose Ananasstücke, nur die Ananasstücke verwenden
1 Knoblauchzehe, schälen und fein hacken
2 bis 3 Lauchzwiebeln, fein hacken
3 Esslöffel Fischsoße
1 Teelöffel Zucker
Salz
Pfeffer
Öl
1 Liter Wasser

So wird es gemacht:

☺ Gehackten Fisch, Lauchzwiebeln, 1 Esslöffel Fischsoße, Pfeffer und etwas Öl in eine Schale geben, gut vermengen und zu kleinen Bällchen formen.

☺ Wasser und Ananasstücke in einen Topf geben und zum Kochen bringen ➟ wenn das Wasser anfängt zu brodeln, Fischbällchen dazugeben und ca. 10 Minuten kochen lassen ➟ mit Salz, Zucker und Fischsoße abschmecken und in eine Servierschale geben.

☺ Etwas Öl in einer kleinen Pfanne erhitzen, gehackten Knoblauch dazugeben und braten, bis er Farbe annimmt ➟ über die Suppe geben und servieren. Als Beilage kann man Reis servieren.

✻✻✻✻✻✻✻✻✻✻

Yamsuppe

Zutaten:

2 Tassen geriebener Yam
50 g Krabbenfleisch
1 Bund Lauchzwiebeln, hacken
1 bis 2 Esslöffel Fischsoße
1 Prise Zucker
Salz
Pfeffer
1 Liter Wasser oder Brühe

So wird es gemacht:

☺ Krabbenfleisch, etwas Lauchzwiebeln, Salz und Pfeffer in eine kleine Schale geben und gut vermengen.
☺ Wasser oder Brühe in einen Topf geben und zum Kochen bringen ➟ Yam dazugeben und kochen lassen, bis der Yam gar ist ➟ Krabben dazugeben und ein paar Minuten brodeln lassen ➟ Fischsoße und Zucker dazugeben, umrühren und abschmecken ➟ heiß mit Reis als Beilage servieren.

✳✳✳✳✳✳✳✳✳✳

Nudelsuppe mit Fisch

Zutaten:

1 Packung feine Reisnudeln
500 g Fischfilets, Sorte nach Belieben
100 g Bohnensprossen, waschen und abtropfen lassen
100 g Hackfleisch
250 g Krabben, schälen
1 Zwiebel, schälen und hacken
2 bis 3 Knoblauchzehen, schälen, mit etwas Salz in einen Mörser geben und zerdrücken
1 Bund Lauchzwiebeln, hacken
1 kleine Chilischote, Stielansatz abschneiden, der Länge nach halbieren, Samen entfernen und hacken
2 Esslöffel Fischsoße

1/2 Teelöffel Zucker
Salz
Pfeffer
Öl
1 Limette, in Scheiben schneiden
Gehackte Pfefferminzblätter

So wird es gemacht:

☺ Bohnensprossen in kochendem Wasser kurz blanchieren, durch ein Sieb geben, abtropfen lassen und mit Pfefferminzblättern in eine Schale geben und gut vermengen.
☺ 7 Tassen Wasser in einen Topf geben und zum Kochen bringen ➟ Nudeln dazugeben und brodeln lassen, bis die Nudeln gar sind ➟ durch ein Sieb geben, mit kaltem Wasser abspülen, Sieb über den Topf geben und abtropfen lassen.
☺ 1½ Liter Wasser in einen Topf geben und zum Kochen bringen ➟ Fischfilets und etwas Salz dazugeben und kochen lassen, bis sie gar sind ➟ Fischfilets aus dem Topf nehmen, in eine Schale oder einen Teller geben, mit einer Gabel in kleine Stücke zerkleinern und beiseite stellen. Den Topf auf der Herdplatte lassen und bei schwacher Hitze weiter köcheln lassen.
☺ Etwas Öl in einer Pfanne erhitzen ➟ Zwiebeln dazugeben und glasig dünsten, Knoblauchpaste untermengen und kurz dünsten ➟ Hackfleisch, Salz, Zucker, Pfeffer und Fischsoße zu den Zwiebeln geben, gut vermengen und braten, bis das Hack gar und die Flüssigkeit verdampft ist ➟ Krabben untermengen und braten, bis sie dunkle Farbe annehmen, dann in die Suppe geben und zum Kochen bringen ➟ zerkleinerte Fischfilets dazugeben, gut verrühren und abschmecken.
☺ Zum Servieren: Etwas Bohnesprossenmischung in eine Suppenschale geben, dann gekochte Nudeln darauf geben und mit Suppe bedecken ➟ etwas gehackte Lauchzwiebeln und Chili darüber streuen und mit Limettenscheiben servieren.

✻✻✻✻✻✻✻✻✻✻

Reisgerichte

Reis kochen, Grundrezept

Zutaten:

1 Tasse Langkornreis, mit kaltem Wasser waschen und abtropfen lassen
1 Teelöffel Salz
2 Tassen kaltes Wasser

So wird es gemacht:

☺ Reis, Wasser und Salz in einen Topf geben und zudecken ➟ kurz aufkochen lassen, dann bei sehr schwacher Hitze 20 bis 25 Minuten köcheln lassen, bis der Reis gar und trocken ist ➟ mit einer Gabel auflockern und heiß zu Hauptgerichten servieren.

✳✳✳✳✳✳✳✳✳✳

Reis mit Cashewnüssen

Zutaten:

1 Tasse gekochter Langkornreis, siehe oben
1/2 Tasse ungesalzene Cashewnüsse
Etwas Butter

So wird es gemacht:

☺ Etwas Butter in einer großen Pfanne zerlassen ➟ Nüsse dazugeben und rösten, bis sie Farbe annehmen ➟ Reis dazugeben, gut vermengen, in eine Servierschale geben und heiß zu Hauptgerichten servieren.

✳✳✳✳✳✳✳✳✳✳

Gebratener Reis

Zutaten:

2 Tassen Langkornreis oder Jasminreis, waschen, abtropfen lassen und gar kochen, siehe Seite 46
1 chinesisches oder spanisches Würstchen, der Länge nach halbieren und in dünne Scheiben schneiden
2 bis 3 Karotten, schälen und in dünne, kleine Würfel oder Streifen schneiden
100 g mageres Fleisch, in kleine Würfel schneiden
2 bis 3 Eier, aufschlagen, in eine Schale geben und rühren
2 Schalotten, schälen und fein hacken
3 Knoblauchzehen, schälen, mit etwas Salz in einen Mörser geben und zerdrücken
Chilipulver, Menge nach Geschmack
Salz
Pfeffer
Öl

So wird es gemacht:

☺ Etwas Öl in einer Pfanne erhitzen ➟ Schalotten dazugeben und weich dünsten ➟ Karotten, Fleisch, Wurst, Chilipulver, Pfeffer und etwas Salz dazugeben, gut vermengen und bei schwacher Hitze ca. 7 bis 8 Minuten braten ➟ abschmecken, Pfanne vom Herd nehmen und beiseite stellen.
☺ In einer großen Pfanne etwas Öl erhitzen ➟ Knoblauchpaste dazugeben und kurz dünsten ➟ Reis dazugeben, gut vermengen und bei schwacher Hitze unter Rühren 8 bis 10 Minuten braten ➟ Eier langsam darüber geben und unter Rühren stocken lassen ➟ die fertig gebratenen Zutaten zum Reis geben, untermengen und heiß mit Salat und Sojasoße als Beilage servieren.

✳✳✳✳✳✳✳✳✳✳

Reis mit Kokosnuss

Zutaten:

2 Tassen gekochter Reis, siehe Seite 46
1 bis 2 Hähnchenbrüste, in Würfel schneiden, waschen und abtropfen lassen
1/4 Tasse Kokosnussmilch
1½ bis 2 Tassen Gemüse:
  Zuckererbsen, zerkleinern oder nur Erbsen
  Karotten, schälen und in kleine Würfel schneiden
  Blumenkohl, in kleine Röschen zerkleinern
  Man kann auch andere Gemüse verwenden
2 bis 3 Knoblauchzehen, schälen, mit etwas Salz in einen Mörser geben und zerdrücken
1 Zwiebel, schälen und hacken
Fischsoße, Menge nach Geschmack oder Sojasoße
1 Teelöffel Kurkumapulver
1 Prise Zucker
Pfeffer
Öl

So wird es gemacht:

☺ Etwas Öl in einem größeren Topf erhitzen ➟ Zwiebeln dazugeben und glasig dünsten, Knoblauchpaste untermengen und kurz dünsten ➟ Fleischwürfel dazugeben, gut vermengen und braten, bis die Flüssigkeit verdampft ist und das Fleisch Farbe angenommen hat ➟ Kurkuma, etwas Fischsoße oder Sojasoße, Pfeffer und 1 Prise Zucker dazugeben und gut vermengen ➟ Kokosnussmilch darüber gießen ➟ Gemüse dazugeben, umrühren und kochen lassen, bis die Gemüse gar sind und viel Flüssigkeit verdampft ist ➟ Reis dazugeben, gut vermengen und heiß servieren.

✳✳✳✳✳✳✳✳✳✳

Kokosnussreis mit Bohnen

Zutaten:

1 Tasse Langkornreis, waschen und abtropfen lassen
1/2 Tasse Bohnen, zum Beispiel Schwarze-Augen-Bohnen, über Nacht in Wasser einweichen
1/2 Tasse Kokosnussmilch
1 Tasse Wasser
3 Lauchzwiebeln, hacken
1 Prise Zucker
Salz

So wird es gemacht:

☺ Bohnen und reichlich Wasser in einen Topf geben und kochen lassen, bis die Bohnen gar sind ➟ mit Salz abschmecken ➟ durch ein Sieb geben und abtropfen lassen.
☺ Reis, Bohnen, Wasser, Kokosnussmilch, 1 Teelöffel Salz und 1 Prise Zucker in einen Topf geben und gut verrühren ➟ Topf zudecken und kurz zum Kochen bringen, dann bei schwacher Hitze köcheln lassen, bis der Reis gar und trocken ist ➟ Lauchzwiebeln untermengen, Reis in eine Servierschale geben und heiß mit Salat und Soße (siehe ab Seite 31) servieren.

✳✳✳✳✳✳✳✳✳✳

Reis mit Muscheln

Zutaten:

2 Tassen gekochter Langkornreis, siehe Seite 46
12 Muscheln, Sorte nach Belieben, gründlich waschen (nur geschlossene Muschel verwenden)
150 g große Krabben, Schalen entfernen
100 g Hackfleisch
1/2 Tasse Kokosnussmilch
1/2 Tasse frische Erbsen
1 Zwiebel, schälen und hacken
1 Knoblauchzehe, schälen, mit etwas Salz in einen Mörser geben und zerdrücken
1/4 Teelöffel Kurkumapulver
Etwas Fischsoße
1/2 Esslöffel Zucker
Salz
Öl

So wird es gemacht:

☺ Backofen auf 180°C vorheizen.
☺ Etwas Öl in einer großen Pfanne erhitzen ➟ Zwiebeln dazugeben und glasig dünsten ➟ Knoblauchpaste untermengen und kurz dünsten ➟ Hackfleisch dazugeben und braten, bis es Farbe annimmt ➟ Kurkuma, Fischsoße, Zucker und Salz dazugeben und gut vermengen ➟ Kokosnussmilch, Erbsen und Krabben dazugeben und kochen lassen, bis die Krabben ihre Farbe ändern ➟ gekochten Reis dazugeben und gut vermengen.
☺ Eine Auflaufform mit Butter bepinseln ➟ Reismischung in der Form verteilen ➟ Muscheln darauf geben ➟ Auflaufform in den Backofen schieben und backen, bis die Muschelschalen aufgehen ➟ Auflaufform aus dem Backofen nehmen, Muschel beiseite stellen, Reismischung in eine Servierschale geben, Muscheln darauf verteilen und heiß servieren.

✻✻✻✻✻✻✻✻✻✻

Gedämpfter Klebereis mit Garnelen

Zutaten:

2 Tassen Klebereis, waschen, in einen Topf geben, mit reichlich Wasser bedecken und 2 bis 3 Stunden stehen lassen, durch ein Sieb geben und abtropfen lassen, dann ca. 1/2 Teelöffel Salz darüber streuen
50 g getrocknete Garnelen, ca. 15 Minuten in heißem Wasser einweichen, durch ein Sieb geben und abtropfen lassen
1 kleine Zwiebel, schälen und hacken
1 Gewürzwurst, in dünne Scheiben schneiden
1 bis 2 Knoblauchzehen, schälen, mit etwas Salz in einen Mörser geben und zerdrücken
2 Esslöffel gehackter Schnittlauch
1 Teelöffel Sojasoße
1 Prise Zucke
Salz
Öl

So wird es gemacht:

☺ Reis in einen Dampftopfaufsatz geben und in den Dampfkochtopf stellen ➟ den Reis ca. 40 bis 45 Minuten dämpfen, zwischendurch umrühren. Wenn der Reis gar ist, in eine Servierschale geben und warm halten.
☺ Wenig Öl in einer Pfanne erhitzen ➟ Wurstscheiben dazugeben und braten, dann auf dem Reis verteilen.
☺ Etwas Öl in der Pfanne erhitzen ➟ Knoblauchpaste und Garnelen dazugeben und schnell wenden ➟ mit Sojasoße und Zucker abschmecken und über dem Reis verteilen.
☺ Den gehackten Schnittlauch anbraten und über den Reis geben.
☺ Die Zwiebeln goldbraun braten, über dem Reis verteilen und servieren. Dazu serviert man als Beilage Sojasoße.

****

Dämpfen ohne Dampfkochtopf

Es gibt mehrere Methoden, Gerichte zu dämpfen, ohne extra einen Dampfkochtopf zu kaufen.

Abb. 1:

Etwas Wasser in einen Topf geben ➟ ein Metallsieb in den Topf stellen ➟ Zutaten in das Sieb geben ➟ Topf zudecken und das Wasser zum Kochen bringen, dann bei mittlerer oder schwacher Hitze dämpfen lassen, bis die Zutaten gar sind.

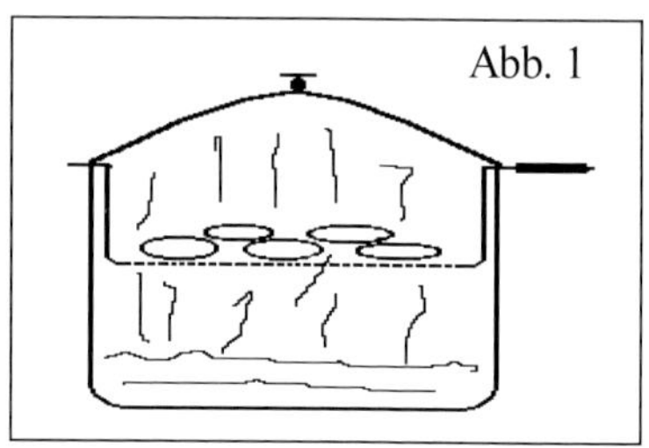

Abb. 1

Abb. 2:

Wasser in einen Topf geben ➟ eine schwere Tasse in die Mitte stellen und darauf eine Platte aus Metall oder Keramik legen ➟ die Zutaten darauf verteilen ➟ Topf zudecken und das Wasser zum Kochen bringen, dann bei mittlerer oder schwacher Hitze dämpfen, bis die Zutaten gar sind.

Abb. 2

****

Reis mit Krabben

Zutaten:

2 Tassen Bruch- oder Klebereis, gar kochen, siehe Seite 46 oder dämpfen, siehe Seite 52 und warm halten
250 g Krabben, schalen entfernen
1 Bund Lauchzwiebeln, hacken
2 bis 3 Knoblauchzehen, schälen und mit etwas Salz in einen Mörser geben und zerdrücken
1 Bund Zitronengras, hacken und zerdrücken
1 Teelöffel Fischsoße
1 Esslöffel Sojasoße
1 Prise Zucker
Pfeffer
Öl

So wird es gemacht:

☺ Krabben, 1 Prise Zucker, Fischsoße, Sojasoße und Pfeffer in eine Schale geben, gut vermengen und ca. 15 Minuten stehen lassen.
☺ Etwas Öl in einer Pfanne erhitzen ➟ Lauchzwiebeln dazugeben und weich dünsten, aus der Pfanne nehmen und beiseite stellen.
☺ Knoblauchpaste und zerdrücktes Zitronengras im heißen Öl kurz anbraten ➟ die eingelegten Krabben untermengen und braten, bis sie Farbe annehmen ➟ Pfanne vom Herd nehmen.
☺ Zum Servieren, Reis auf Servierteller geben, etwas Krabbenmischung darauf verteilen, dann gebratene Lauchzwiebeln darauf geben. Als Beilage Fischsoße und/oder eingelegte Zutaten, zum Beispiel Karotten servieren.

Vermerk:
Manchmal wird gebratenes Ei darauf serviert.

****

So wird es gemacht:

☺ Garnelen schälen und den schwarzen Darm herausziehen.
☺ Etwas Öl in einer Pfanne erhitzen ➟ etwas Knoblauchpaste, Fleischstreifen und Salz dazugeben und braten, dabei rühren ➟ Garnelen untermengen und ein paar Minuten Braten, aus der Pfanne nehmen und beiseite stellen.
☺ Eier aufschlagen, in eine Schale mit etwas Salz geben und verrühren ➟ etwas Öl in einer Pfanne erhitzen, Eier dazugeben und von beiden Seiten braten, aus der Pfanne nehmen und in Streifen schneiden.
☺ Die restliche Knoblauchpaste in die Pfanne geben und kurz braten ➟ Reisnudeln dazugeben und gut vermengen ➟ nach und nach Bohnensprossen, Schnittlauch, Lauchzwiebeln, gebratene Garnelen und Fleisch und Eierstreifen dazugeben und gut vermengen ➟ mit Salz und Pfeffer abschmecken, in eine Servierschale geben, mit Chilischeiben garnieren und servieren.
Als Beilage, werden Sojasoße und Salatblätter serviert.

✻✻✻✻✻✻✻✻✻✻

Reisnudeln mit Krabben

Zutaten:

1 Packung Reisnudeln
250 g Krabben, schälen
150 bis 200 g Bohnensprossen, waschen, abtropfen lassen und in kochendem Wasser ein paar Minuten blanchieren
1 Karotte, schälen, vierteln und in feine Streifen schneiden
150 g mageres Fleisch, in feine Würfel schneiden, waschen und abtropfen lassen
1 Zwiebel, schälen, halbieren und in Scheiben schneiden
2 bis 3 Knoblauchzehen, schälen, mit etwas Salz in einen Mörser geben und zerdrücken
2 bis 3 Lauchzwiebeln, hacken

1 Bund Schnittlauch, zerkleinern
Folgende Zutaten in eine kleine Schale geben und verrühren:
  1 Esslöffel Sojasoße
  1 Teelöffel Fischsoße
  1 Prise Zucker
  1 Teelöffel Wasser
Salz
Pfeffer
Öl

So wird es gemacht:

☺ Reisnudeln gar kochen und beiseite stellen (siehe Seite 57).
☺ Etwas Öl in einer großen Pfanne oder einem Wok erhitzen ➟ Fleischstücke und Knoblauchpaste dazugeben und braten bis sie gar sind ➟ Krabben, Zwiebeln und Karotten untermengen und dünsten, bis die Krabben Farbe annehmen ➟ mit Soja-Fischsoßen-Mischung, Salz und Pfeffer abschmecken ➟ gekochte Nudeln dazugeben und gut vermengen ➟ Bohnensprossen, Schnittlauch und Lauchzwiebeln darüber geben, gut vermengen und heiß servieren.

****

Gebratene Reisnudeln mit Fleisch

Zutaten:

1 Packung Reisnudeln
250 g Fleisch, in mundgerechte, dünne Streifen schneiden, waschen und abtropfen lassen
150 bis 200 g Bohnensprossen, waschen, abtropfen lassen und in kochendem Wasser ein paar Minuten blanchieren
1 Bund Lauchzwiebeln, vierteln und in dünne Streifen schneiden
1 Zwiebel, schälen und hacken
1 bis 2 Knoblauchzehen, schälen, mit etwas Salz in einen Mörser geben und zerdrücken
1 Esslöffel gehacktes Zitronengras
1 Prise Zucker
1 Teelöffel Sojasoße
1 Teelöffel Fischsoße
Pfeffer
Salz
Öl
Zerdrückte Erdnüsse

So wird es gemacht:

☺ Reisnudeln gar kochen und beiseite stellen (siehe Seite 57).

☺ Sojasoße, Fischsoße, Prise Zucker, Salz und 1 bis 2 Esslöffel Wasser in eine Schale geben und gut verrühren ➟ Fleischstücke in die Soße geben, gut vermengen und beiseite stellen.

☺ Etwas Öl in einer großen Pfanne oder einem Wok erhitzen ➟ Zwiebeln, Knoblauchpaste und Zitronengras in die Pfanne geben und kurz dünsten, Fleisch untermengen und gar braten ➟ gekochte Nudeln und Bohnensprossen dazugeben, gut vermengen und ein paar Minuten auf dem Herd lassen, bis die Nudeln heiß sind ➟ zerdrückte Erdnüsse und

Lauchzwiebeln darüber streuen, umrühren und heiß servieren.

****

Gebratene Reisnudeln

Zutaten:

1 Packung Reisnudeln
250 g Fleisch, in mundgerechte, dünne Streifen schneiden, waschen und abtropfen lassen
2 Eier, aufschlagen, in eine Schale geben und verrühren
1 Zwiebel, schälen, halbieren und in Scheiben schneiden
2 bis 3 Knoblauchzehen, schälen, mit etwas Salz in einen Mörser geben und zerdrücken
1 Bund Lauchzwiebeln, hacken
5 bis 6 Esslöffel gehackte, verschiedene, grüne Gewürzblätter, zum Beispiel Petersilie, Schnittlauch, Koriander….., grob hacken
Folgende Zutaten in eine kleine Schale geben und gut verrühren:
- 1 Tasse Wasser
- 1 Esslöffel Mehlstärke
- 1 Teelöffel Zucker
- 1 Esslöffel Fischsoße oder Austernsoße
- 1 bis 2 Esslöffel Sojasoße
- Etwas Salz und Pfeffer

Öl

So wird es gemacht:

☺ Reisnudeln gar kochen und beiseite stellen (siehe Seite 57).
☺ Etwas Öl in einer Pfanne erhitzen, Eier dazugeben und braten, aus der Pfanne nehmen und beiseite stellen.
☺ Etwas Öl in einer großen Pfanne oder einem Wok erhitzen ➟ Zwiebeln dazugeben und glasig dünsten, Knoblauchpaste untermengen und kurz dünsten, Fleischstücke dazugeben und gar braten ➟ Gewürzsoße darüber geben, gut

vermengen und erhitzen ➟ gekochte Nudeln, Lauchzwiebeln und gehackte Gewürzblätter dazugeben, gut vermengen und heiß servieren.

****

Nudeln mit Fleisch

Zutaten:

1 Packung Eiernudeln
150 g Fleisch, in dünne Streifen schneiden (ca. 2 bis 3 cm), waschen und abtropfen lassen
1 rote Zwiebel, schälen, halbieren und in dünne Scheiben schneiden
2 bis 3 Knoblauchzehen, schälen, mit etwas Salz in einen Mörser geben und zerdrücken
1 Esslöffel Fischsoße
1 Esslöffel Sojasoße
1/2 Esslöffel Zucker
Salz
Pfeffer
Öl
4 Eier

So wird es gemacht:

☺ Nudeln in Salzwasser gar kochen, in ein Sieb geben, abtropfen lassen und warm halten.
☺ Fischsoße, Sojasoße, Zucker, 1 Esslöffel Wasser, etwas Salz und Pfeffer in eine kleine Schale geben und gut verrühren.
☺ Etwas Öl in einer Pfanne oder einem Wok erhitzen ➟ Zwiebeln dazugeben und glasig dünsten, Knoblauchpaste untermengen und kurz dünsten ➟ Fleischstücke dazugeben und braten ➟ Soßenmischung dazugeben und gut verrühren ➟ gekochte Nudeln untermengen, abschmecken und auf vier Servierteller geben ➟ die Eier einzeln in etwas Öl braten, auf die Nudeln geben und heiß servieren.

****

Nudeln mit Huhn

Zutaten:

1 Packung Eiernudeln
250 g Hühnerbrust, in dünne Streifen schneiden, waschen und abtropfen lassen, dann mit folgenden Zutaten in eine Schale geben und gut vermengen:
- 1 Esslöffel Sojasoße
- 1 Esslöffel Fischsoße
- 1 Teelöffel Paprikapulver
- 1 Teelöffel Zucker
- 1 Esslöffel Wasser
- Etwas Salz und Pfeffer

100 g Bohnensprossen, waschen, abtropfen lassen und kurz in kochendem Wasser blanchieren
1 Bund Lauchzwiebeln, hacken
1 Zwiebel, schälen und hacken
1 Mohrrübe, schälen, vierteln und in feine Streifen schneiden
2 bis 3 Knoblauchzehen, schälen, mit etwas Salz in einen Mörser geben und zerdrücken
Salz
Pfeffer
Öl

So wird es gemacht:

☺ Nudeln in Salzwasser gar kochen, in ein Sieb geben, abtropfen lassen und warm halten.
☺ Etwas Öl in einer großen Pfanne oder einem Wok erhitzen ➟ Zwiebeln dazugeben und glasig dünsten ➟ Knoblauchpaste untermengen und kurz dünsten ➟ Fleischstücke ohne Marinade dazugeben und braten, aus der Pfanne nehmen und warm halten ➟ Mohrrüben und Marinade dazugeben und fast weich dünsten ➟ Fleischstücke untermengen und erwärmen, Bohnensprossen und Lauchzwiebeln dazugeben und gut vermengen, dann Nudeln untermengen ➟ mit Salz und Pfeffer abschmecken und heiß servieren.

Fleisch- und Gemüsegerichte

Fleisch mit Gemüse

Zutaten:

250 g Hackfleisch
Ca. 500 g verschiedene Gemüsesorten:
Blumenkohlröschen, Broccoliröschen, kleine Maiskolben, Mohrrüben und Kartoffeln (man kann auch andere Gemüsesorten, wie zum Beispiel, Zucchini, Paprikaschoten, Gemüsezwiebeln u.v.a.. verwenden)
Möhren und Kartoffeln schälen und in Streifen schneiden, die restlichen Zutaten zerkleinern und waschen
1 Zwiebel, schälen und hacken
2 bis 3 Knoblauchzehen, schälen, mit etwas Salz in einen Mörser geben und zerdrücken
2 Esslöffel gehackte Petersilie
1 Esslöffel Sojasoße
Salz
Pfeffer
Öl

So wird es gemacht:

☺ Hackfleisch, Petersilie, Zwiebeln, Salz, Pfeffer und Sojasoße in eine Schale geben und gut verkneten ➟ die Hackmasse zu kleinen Kugeln formen und beiseite stellen.
☺ Etwas Öl in einer Pfanne erhitzen ➟ Knoblauchpaste dazugeben und kurz dünsten ➟ Fleischbällchen dazugeben und knusprig braten, aus der Pfanne nehmen und beiseite stellen.
☺ Reichlich Wasser und etwas Salz in einen Topf geben und

zum Kochen bringen ➡ Möhren, kleine Maiskolben, Blumenkohl und Broccoli dazugeben und ca. 5 Minuten kochen lassen, durch ein Sieb geben, abtropfen lassen und warm halten.

☺ Etwas Öl in einer großen Pfanne erhitzen ➡ Kartoffelstreifen dazugeben und goldbraun braten ➡ die gebratenen Fleischbällchen und die gekochten Gemüse dazugeben, gut vermengen, abschmecken und heiß servieren.

****

Gebratenes Fleisch mit Paprikaschoten

Zutaten:

250 g Fleisch, in dünne Streifen (ca. 3x2 cm) schneiden, waschen und abtropfen lassen
3 bis 4 Paprikaschoten, halbieren, Stielansätze abschneiden, Samen entfernen und in Würfel schneiden
3 bis 4 Knoblauchzehen, schälen, mit etwas Salz in einen Mörser geben und zerdrücken
2 kleine Schalotten, schälen und hacken
1 Esslöffel Sojasoße
1 Teelöffel Zucker
Salz
Öl

So wird es gemacht:

☺ Etwas Öl in einer Pfanne erhitzen ➡ Schalotten dazugeben und glasig dünsten, Knoblauchpaste untermengen und kurz dünsten ➡ Fleischstücke dazugeben und braten, bis sie gar sind ➡ Paprikaschoten untermengen, mit Sojasoße, Zucker und Salz abschmecken und ein paar Minuten dünsten, bis sie gar sind ➡ auf einen Servierteller geben und heiß mit Salz und Reis servieren.

****

Gefüllte Tomaten

Zutaten:

5 bis 6 Fleischtomaten
Ca. 200 g Fleischstück, in feine Würfel schneiden, waschen und abtropfen lassen
Handvoll getrocknete Krabben, ca. 30 Minuten in Wasser einweichen, durch ein Sieb geben, abtropfen lassen und fein hacken
1 Schalotte oder kleine Zwiebel, schälen und hacken
3 bis 4 Knoblauchzehen, schälen und fein hacken
1 Esslöffel Sojasoße
1 Esslöffel Fischsoße
1 Teelöffel Zucker
Salz
Pfeffer
Öl
Gehackte Petersilie, zum Garnieren

So wird es gemacht:

☺ Fleischwürfel, gehackte Krabben, Zwiebeln und Knoblauch in eine Schale geben und gut vermengen ➟ etwas Öl in eine Pfanne geben, Fleischwürfel dazugeben und braten, bis sie Farbe annehmen, Pfanne vom Herd nehmen und abkühlen lassen.
☺ Fischsoße, Sojasoße, Zucker, etwas Salz und Pfeffer in eine kleine Schale geben und rühren, bis der Zucker aufgelöst ist ➟ zur Fleischmischung geben und gut vermengen.
☺ Die Tomaten oben aufschneiden und aushöhlen, dann mit Fleischmischung auffüllen, in einem Dampfkochtopf garen, auf Servierteller geben, mit Petersilie garnieren und heiß servieren.

****

Gebratenes Fleisch mit Gewürzpaste

Zutaten:

250 g Fleisch, in dünne Streifen schneiden (ca. 3x4 cm), waschen und abtropfen lassen
2 Schalotten, schälen und hacken
3 bis 4 Knoblauchzehen, schälen und vierteln
1 kleines Stück Galangalwurzel, zerkleinern
4 bis 5 Stängel Zitronengras, hacken
1 Teelöffel Kurkuma
1 Teelöffel Fischsoße
4 bis 5 Esslöffel Erdnüsse, zerdrücken
1 Prise Zucker
Salz
Pfeffer
Öl

So wird es gemacht:

☺ Gewürzpaste vorbereiten:
Zitronengras, Knoblauch, Schalotten, Kurkuma, Galangal und etwas Salz in einen Mörser geben und zerdrücken, ca. 2 Esslöffel Wasser dazugeben und gut vermengen.
☺ Etwas Öl in einer Pfanne erhitzen ➟ Fleischstücke dazugeben und braten, aus der Pfanne nehmen und beiseite stellen ➟ Die Gewürzpaste in der gleichen Pfanne ein paar Minuten dünsten ➟ gebratene Fleischtücke dazugeben und gut vermengen, mit Zucker, Fischsoße, Salz und Pfeffer abschmecken, zerdrückte Erdnüsse untermengen, in eine Servierschale geben und heiß servieren.

✳✳✳✳✳✳✳✳✳✳

Fleisch mit Palmzucker

Zutaten:

500 g Fleisch, in Würfel schneiden, waschen und abtropfen lassen
1 Mohrrübe, schälen und in Scheiben schneiden
2 Esslöffel Palmzucker
1 Staranis, zerdrücken
4 Knoblauchzehen, schälen und hacken
4 bis 5 Schalotten, schälen und hacken

1/2 cm Galangalwurzel, zerdrücken
1 getrocknete Chilischote (oder mehr), Stielansatz abschneiden, halbieren, Samen entfernen und zerdrücken
1 Esslöffel Fischsoße
Salz
Öl

So wird es gemacht:

☺ Etwas Öl in einem Topf erhitzen → Schalotten dazugeben und glasig dünsten, Knoblauch, Chili, Galangal, Staranis, Palmzucker und etwas Salz dazugeben, gut vermengen und kurz dünsten → Fleischwürfel dazugeben und braten, bis sie Farbe annehmen → Fischsoße darüber geben und 1 bis 2 Minuten weiter braten → ca. 3 Tassen Wasser darüber gießen, umrühren, Topf zudecken und kochen lassen, bis das Fleisch fast gar ist → Mohrrüben dazugeben und weiter kochen, bis das Fleisch gar ist → heiß mit Brot oder Nudeln servieren.

✳✳✳✳✳✳✳✳✳✳

Eingelegte Sojabohnen mit Fleisch

Zutaten:

250 g eingelegte Sojabohnen
100 g Hackfleisch
1 Tasse Kokosnussmilch, siehe Seite 11
4 bis 5 Knoblauchzehen, schälen und fein hacken oder zerdrücken
1 Teelöffel Fischsoße
2 Teelöffel Zucker
Salz
Öl

So wird es gemacht:

☺ Etwas Öl in einer Pfanne erhitzen ➡ Knoblauch dazugeben und kurz dünsten ➡ Hackfleisch dazugeben, gut vermengen und braten, bis die Flüssigkeit verdampft und das Fleisch gar ist ➡ Pfanne vom Herd nehmen und beiseite stellen.

☺ Kokosnussmilch in einen Topf geben und zum Kochen bringen, wenn es anfängt zu brodeln, gebratenes Hackfleisch dazugeben, umrühren und 1 bis 2 Minuten kochen lassen ➡ eingelegte Sojabohnen, Fischsoße, Zucker und etwas Salz dazugeben, umrühren und weitere 1 bis 2 Minuten kochen lassen, heiß mit Salat servieren.

****

Eisbein mit Bambussprossen

Zutaten:

1 kg Eisbein, in große Stücke schneiden, waschen und abtropfen lassen
250 g getrocknete Bambussprossen, in eine Schale geben, mit reichlich Wasser bedecken und über Nacht stehen lassen
Handvoll getrocknete Pilze, ca. 15 Minuten in Wasser einweichen, aus dem Wasser nehmen und in Streifen schneiden
1 kleine Zwiebel, schälen und hacken
1 Teelöffel Zucker
1 bis 2 Esslöffel Fischsoße
1 Bund Lauchzwiebeln, hacken
Salz
Pfeffer
Öl

So wird es gemacht:

☺ Bambussprossen in einen Topf geben, mit Wasser bedecken und ca. 30 Minuten kochen lassen, dann das Wasser abgießen und noch mal die Bambussprossen mit Wasser bedecken und ca. 20 Minuten kochen lassen, so werden die Bitterstoffe aus den Bambussprossen entfernt ➠ Bambussprossen durch ein Sieb geben, abtropfen lassen und in kleine Stücke schneiden.
☺ Eisbeinstücke in eine Schale geben ➠ Zwiebeln, Zucker, Fischsoße und etwas Salz darüber geben, gut vermengen und 15 Minuten ziehen lassen. Zwischendurch wenden.
☺ Etwas Öl in einer Pfanne erhitzen ➠ Eisbeinstücke dazugeben und knusprig braten, Pfanne vom Herd nehmen und beiseite stellen.
☺ 5 bis 6 Tassen Wasser in einen Topf geben und zum Kochen bringen ➠ Eisbeinstücke dazugeben und bei schwacher Hitze ca. 30 Minuten köcheln lassen, bis das Fleisch weich ist ➠ salzen und pfeffern ➠ Bambussprossen

zum Fleisch geben und weitere 25 bis 30 Minuten köcheln lassen ➡ Pilze untermengen und ein paar Minuten köcheln lassen ➡ das Gericht in eine Servierschale geben, eventuell mit gehackten Lauchzwiebeln garnieren und heiß mit Reis und eingelegten Chilis servieren.

****

Gedämpfte Fleischbällchen

Zutaten:

250 g Hackfleisch
2 Schalotten, schälen und fein hacken
3 bis 4 Knoblauchzehen, schälen, mit etwas Salz in einen Mörser geben und zerdrücken
Handvoll getrocknete Krabben, ca. 15 Minuten in Wasser einweichen, abtropfen lassen und hacken
2 bis 3 Lauchzwiebeln, fein hacken
1 Teelöffel Zucker
1 Esslöffel Sojasoße
1 bis 2 Esslöffel Mehlstärke
Salz
Pfeffer

So wird es gemacht:

☺ Alle Zutaten in eine Schale geben, gut verkneten, in 4 Teile teilen und zu Kugeln formen.

☺ Die Fleischbälle in einen Dampfkochtopf geben und ca. 25 Minuten garen, heiß mit Reis, Salat und eingelegten Zutaten als Beilage servieren.

****

Gegrilltes Fleisch

Zutaten:

1/2 kg mageres Fleisch, in Würfel schneiden (ca. 3 cm und 1 cm dick), waschen, abtropfen lassen und in eine Schale geben
Folgende Zutaten mit etwas Salz in einen Mörser geben und zerdrücken:
- 4 bis 5 Knoblauchzehen
- 1/2 cm Galangalwurzel
- 2 bis 3 Esslöffel gehacktes Zitronengras
- 2 bis 3 Esslöffel Erdnüsse

1 Teelöffel Fischsoße
1 Teelöffel Zucker
1/2 Teelöffel Kurkuma
Salz
Pfeffer
Etwas Öl

So wird es gemacht:

☺ Alle Zutaten zum Fleisch geben, gut vermengen, Schale zudecken und ca. 1 Stunde stehen lassen. Zwischendurch wenden.

☺ Grill mit Holzkohle vorheizen. Falls man Holzstäbchen zum grillen benutzen möchte, sollte man die Stäbchen in Wasser einweichen.

☺ Fleischstücke auf Metall oder Holzstäbchen stecken und über der glühenden Holzkohle grillen ➠ das gegrillte Fleisch heiß mit Brot und eingelegten Zuraten (zum Beispiel Papaya) und Salat servieren.

✳✳✳✳✳✳✳✳✳✳

Gefüllte Fleischrollen

Zutaten:

500 g Fleischstück, in dünne, große Scheiben schneiden, waschen und abtropfen lassen
100 g dünne Schinkenscheiben mit Fett
1/2 Tasse dicke Kokosnussmilch
Folgende Zutaten mit etwas Salz in einen Mörser geben und zerdrücken:
- 4 bis 5 Knoblauchzehen, schälen und vierteln
- 1/2 cm Galangalwurzel, hacken
- 3 bis 4 Schalotten, schälen und hacken
- 1 Esslöffel Petersilienblätter
- Ein paar Zitronengrashalme, hacken
- 2 bis 3 getrocknete oder frische Chilischoten (getrocknete Chilischoten müssen vorher in Wasser eingeweicht werden), Stielansätze abschneiden, Samen entfernen und hacken

1 Teelöffel Kurkuma
1 Teelöffel Zucker
1 Esslöffel Fischsoße
Salz

So wird es gemacht:

☺ Fleischscheiben, etwas Kokosnussmilch, Fischsoße und Zucker in eine Schale geben, gut vermengen und beiseite stellen.

☺ Gewürzpaste, etwas Salz, Kurkuma und Schinkenscheiben in eine Schale geben und gut vermengen.

☺ Grill mit Holzkohle vorheizen. Falls man Holzstäbchen zum grillen benutzen möchte, sollte man die Stäbchen in Wasser einweichen.

☺ Fleischscheiben flach auf die Arbeitsfläche legen ➠ Schinkenscheiben mit Gewürzpaste darauf verteilen und rollen, dann 2 Spieße kurz vor dem Ende jeder Rolle durchspießen, damit beim grillen die Rollen nicht aufgehen (mehrere Rollen auf 2 Spieße) ➠ die Fleischrollen grillen und mit Reis und eingelegten Zutaten servieren.

Fleisch mit Zwiebeln

Zutaten:

250 g Fleisch, in dünne Streifen oder Scheiben schneiden, waschen und abtropfen lassen
2 Gemüsezwiebeln, schälen und vierteln
50 g Schnittsellerie, in ca. 3 cm Stücke schneiden
2 bis 3 Paprikaschoten, halbieren, Stielansätze und Samen entfernen und in Würfel oder Streifen schneiden
1 Knoblauchzehe, schälen und fein hacken
2 große Tomaten, vierteln
1 Bund Lauchzwiebeln, hacken
1 bis 2 Esslöffel Sojasoße
1 Teelöffel Zucker
Salz
Pfeffer
Öl

So wird es gemacht:

☺ Fleischstücke in eine Schale geben ➟ etwas Knoblauch, 1 Esslöffel Öl, Zucker, Salz und 1 Esslöffel Sojasoße dazugeben, gut vermengen und ca. 30 Minuten ziehen lassen. Zwischendurch wenden.

☺ Etwas Öl in einer großen Pfanne erhitzen ➟ den restlichen Knoblauch dazugeben und kurz dünsten, Fleischstücke dazugeben und braten, bis die Flüssigkeit verdampft und das Fleisch gar ist, aus der Pfanne nehmen und beiseite stellen ➟ etwas Öl in die gleiche Pfanne geben und erhitzen ➟ Paprikaschoten dazugeben und ca. 2 Minuten dünsten ➟ Tomaten und Zwiebeln untermengen, mit Salz und Pfeffer abschmecken und ca. 2 Minuten weiter dünsten ➟ Fleischstücke und Sellerie untermengen, kurz erhitzen, in eine Servierschale geben, mit Lauchzwiebeln garnieren und heiß servieren. Als Beilage Sojasoße in einer kleinen Schale servieren.

✳✳✳✳✳✳✳✳✳✳

Fleisch mit Muskraut

Zutaten:

500g Muskraut, harte Stellen und Strunk abschneiden und die Blätter in feine Streifen schneiden. Falls möglich chinesischen Broccoli verwenden

Das Gericht wird in Kambodscha mit chinesischem Broccoli zubereitet, der sieht wie Muskraut aus aber schmeckt anders.

250 g Fleischstück, in dünne Streifen schneiden, waschen und abtropfen lassen

1 Zwiebel, schälen und hacken

2 bis 3 Knoblauchzehen, schälen, mit etwas Salz in einen Mörser geben und zerdrücken

1 Esslöffel Fischsoße

1 Esslöffel Sojasoße

1 Prise Zucker

1 Esslöffel Maistärke in 1/4 Tasse Wasser auflösen

Salz

Pfeffer

Öl

So wird es gemacht:

☺ Fleischstücke, Sojasoße, Zwiebeln, Knoblauchpaste, Salz und Pfeffer in eine Schale geben, gut vermengen und ca. 30 Minuten stehen lassen.

☺ Aufgelöste Maisstärke, Fischsoße und Zucker in eine kleine Schale geben und gut verrühren.

☺ Etwas Öl in einem Topf oder einer tiefen Pfanne erhitzen ➡ Fleisch mit Marinade in das heiße Öl geben und braten, bis es Farbe annimmt ➡ Muskraut untermengen, Topf zudecken und ein paar Minuten dünsten, aufgelöste Maisstärke darüber geben, umrühren und weiter dünsten, bis das Muskraut gar ist, heiß mit Reis, Salat und Soßen servieren.

****

Fleisch in Tomatensoße

Zutaten:

1 kg Fleisch, in kleine Würfel schneiden, waschen und abtropfen lassen
1 große Dose Tomaten, Deckel aufschneiden, Sieb über einen Topf stellen, Doseninhalt durch das Sieb geben und die Tomaten mit einem Löffel durchpressen
4 bis 5 Knoblauchzehen, schälen, mit etwas Salz in einen Mörser geben und zerdrücken
2 Schalotten, schälen und hacken
1 Paprikaschote oder 3 lange, milde Peperoni, Stielansatz abschneiden, der Länge nach halbieren, Samen entfernen und hacken
2 Esslöffel Sojasoße
1/2 Teelöffel Paprikapulver
Chilipulver, Menge nach Geschmack
1 Teelöffel Zucker
Salz
Pfeffer
Öl

So wird es gemacht:

☺ Tomatensaft, 1 Tasse Wasser, etwas Schalotten, Paprika, Chilipulver, Peperoni und etwas Salz in eine Küchenmaschine geben und pürieren.
☺ Etwas Öl in einen Topf geben und erhitzen ➟ Fleischstücke dazugeben und braten, bis sie Farbe annehmen, Schalotten und Knoblauch dazugeben, gut vermengen und kurz dünsten ➟ Sojasoße, Salz und Pfeffer dazugeben und gut vermengen ➟ Tomatensoße und ca. 1 Tasse Wasser darüber gießen, umrühren und köcheln lassen, bis die Fleischstücke gar und die Soße dick ist ➟ heiß mit Reis oder Nudeln und Salat servieren.

****

Fleisch mit Pilzen

Zutaten:

500 g Pilze, Sorte nach Belieben, in Scheiben schneiden
500 g Fleischstück, in dünne Streifen schneiden, waschen und abtropfen lassen
1 Zwiebel, schälen, halbieren und in dünne Streifen schneiden
3 Knoblauchzehen, schälen, mit etwas Salz in einen Mörser geben und zerdrücken
1 Prise Zucker
1 Esslöffel Sojasoße
Salz
Pfeffer
Öl

So wird es gemacht:

☺ Fleischstücke in eine Schale geben, Salz, Pfeffer, Sojasoße und Knoblauch dazugeben, gut vermengen und ca. 30 Minuten stehen lassen.
☺ Etwas Öl in einer tiefen Pfanne erhitzen, Fleisch mit Marinade dazugeben, gar braten, auf einen Servierteller geben und warm halten.
☺ Die Zwiebeln in der gleichen Pfanne glasig dünsten, Pilze dazugeben und dünsten, bis sie weich sind ➟ mit Salz und Pfeffer abschmecken, über das Fleisch geben und heiß mit Reis servieren.

****

Fleisch mit Auberginen

Zutaten:

1 große Aubergine, Stielansatz abschneiden, der Länge nach halbieren, dann vierteln, in kleine Würfel schneiden, mit Salz bestreuen, 30 Minuten stehen lassen, dann mit kaltem Wasser abspülen und abtropfen lassen
250 g Fleischstück, in dünne Streifen schneiden, waschen und abtropfen lassen
1/2 Tasse Kokosnussmilch
1 Bund Lauchzwiebeln verwenden
1 Zwiebel, schälen und hacken oder in Scheiben schneiden
1 Paprikaschote, Stielansatz abschneiden, halbieren, Samen entfernen, in Streifen, dann in Würfel schneiden
2 bis 3 Knoblauchzehen, schälen, mit etwas Salz in einen Mörser geben und zerdrücken
1 Esslöffel gehacktes Zitronengras
1 Prise Zucker
1 Esslöffel Fischsoße
1 Teelöffel Kurkuma
Salz
Pfeffer
Öl

So wird es gemacht:

☺ Fleischstücke in eine Schale geben ➟ Zitronengras, Knoblauch, Zucker, Kurkuma, Fischsoße, Salz und Pfeffer dazugeben, gut vermengen und ca. 15 Minuten stehen lassen. Zwischendurch umrühren.

☺ Etwas Öl in einem Topf oder einer tiefen Pfanne erhitzen ➟ Zwiebeln dazugeben und glasig dünsten ➟ Fleischstücke mit Marinade zu den Zwiebeln geben und dünsten, bis sie Farbe annehmen ➟ Paprikaschoten, Lauchzwiebeln und Auberginen untermengen, gut vermengen und Kokosnussmilch darüber gießen, umrühren, Topf oder Pfanne zudecken und köcheln lassen, bis die Auberginen gar sind, abschmecken und heiß mit Reis, Salat und Soße (siehe Kapitel Soßen) servieren.

****

Fleisch mit Chayot

Zutaten:

1 große Chayotfrucht, schälen, entkernen und in dünne Streifen schneiden
250 g Fleischstück, in kleine dünne Streifen schneiden, waschen und abtropfen lassen
1 Zwiebel, schälen, halbieren und in Streifen schneiden
2 bis 3 Knoblauchzehen, mit etwas Salz in einen Mörser geben und zerdrücken
1 Esslöffel Fischsoße
1 Esslöffel Sojasoße
1 Prise Zucker
1 Bund Lauchzwiebeln, der Länge nach halbieren und in dünne Streifen schneiden
1/2 Esslöffel Mehl- oder Maisstärke in 1/2 Tasse Wasser auflösen
Salz
Pfeffer
Öl

So wird es gemacht:

☺ Sojasoße, Fischsoße und Zucker zur aufgelösten Mehlstärke geben und gut verrühren.

☺ Etwas Öl in einer tiefen Pfanne erhitzen, Zwiebeln dazugeben und glasig dünsten, Knoblauch untermengen und kurz dünsten, dann Fleischstücke dazugeben und braten, bis sie fast gar sind, salzen und pfeffern ➡ Chayot dazugeben, gut vermengen und dünsten, bis sie weich sind ➡ aufgelöste Mehlstärke und Lauchzwiebeln dazugeben, gut vermengen und köcheln lassen, bis die Soße dicker wird ➟ abschmecken und heiß mit Reis servieren.

✻✻✻✻✻✻✻✻✻✻

Karamellisiertes Fleisch mit Erdnüssen

Zutaten:

500 g Fleisch aus der Schulter, in kleine Würfel schneiden, waschen und abtropfen lassen
2 bis 3 Knoblauchzehen, schälen und in Streifen schneiden
1 Bund Lauchzwiebeln, hacken
4 bis 5 Esslöffel Fischsoße
2 bis 3 Staranis
Handvoll geschälte Erdnüsse, grob zerdrücken
Salz
Pfeffer
2 Esslöffel Zucker
1/2 Esslöffel Palmzucker

So wird es gemacht:

☺ Fleischstücke, Knoblauchpaste, Fischsoße, Staranis, 1 Esslöffel Zucker, Pfeffer und etwas Salz in eine Schale geben und gut vermengen.
☺* Methode 1: 1 Esslöffel Wasser, 1 Esslöffel Zucker und 1/2 Esslöffel Palmzucker in einen Topf geben und rühren, dabei bei schwacher Hitze köcheln lassen, bis der Zucker eine dunkle Farbe annimmt ➟ 2 Tassen Wasser darüber gießen, rühren und zum Kochen bringen ➟ Fleisch mit Marinade in das heiße Wasser geben und kochen lassen, bis die Fleischstücke gar sind ➟ Lauchzwiebeln dazugeben, abschmecken und heiß mit Reis servieren.
* Methode 2: Wenn der Zucker mit etwas Wasser anfängt dunkel zu werden, Fleischstücke dazugeben, umrühren und dünsten, bis sie Farbe annehmen, dann Wasser darüber geben und wie oben beschrieben weiter verfahren.

Karamellisiertes Fleisch mit Bambussprossen

Zutaten:

1 Dose Bambussprossen, Dosendeckel aufschneiden, durch ein Sieb geben, abtropfen lassen und in kleine Stücke schneiden
4 kleine Haxen, gründlich waschen
250 g Bohnensprossen, waschen, abtropfen lassen und zerkleinern
1 Bund Lauchzwiebeln, hacken
2 bis 3 Knoblauchzehen, schälen und in Streifen schneiden
3 bis 4 Esslöffel Fischsoße
1 Esslöffel Zucker
1/2 Esslöffel Palmzucker
Pfeffer
Salz

So wird es gemacht:

☺* Methode1: 1 Esslöffel Wasser. 1/2 Esslöffel Palmzucker und 1 Esslöffel Zucker in einen Topf geben und rühren, dabei bei schwacher Hitze köcheln lassen, bis der Zucker Farbe annimmt ➟ 3 Tassen Wasser darüber gießen, rühren und zum Kochen bringen ➟ die 4 Haxen, Fischsoße, Zucker und Knoblauch in das kochende Wasser geben und kochen lassen, bis die Haxen gar und ein Teil der Flüssigkeit verdampft ist ➟ Bambus- und Bohnensprossen untermengen und köcheln lassen, bis sie gar sind ➟ Lauchzwiebeln untermengen, abschmecken und heiß mit Reis servieren.

* Methode 2: Zucker und Wasser in einem Topf erhitzen, bis es seine Farbe ändert, Haxen dazugeben und rundherum braun werden lassen, dann Wasser darüber geben und wie oben beschrieben weiter verfahren.

❊❊❊❊❊❊❊❊❊❊

Karamellisiertes Fleisch mit Eiern

Zutaten:

500 g Fleisch, in ca. 3 cm Würfel schneiden, waschen und abtropfen lassen
3 bis 4 Knoblauchzehen, schälen, mit etwas Salz in einen Mörser geben und zerdrücken
1 Bund Lauchzwiebeln, hacken
1 Tasse Kokosnussmilch mit einer Tasse Wasser verdünnen
4 Eier
3 bis 4 Esslöffel Fischsoße
2 bis 3 Esslöffel Zucker
Salz
Pfeffer

So wird es gemacht:

☺ Die Eier hart kochen (ca. 10 Minuten), abschrecken, Schalen entfernen und beiseite stellen.
☺ 1 Esslöffel Wasser und 1 Esslöffel Zucker in einen Topf geben und rühren, dabei bei schwacher Hitze köcheln lassen, bis der Zucker eine dunkle Farbe annimmt ➟ ca. 1 Tasse Wasser und Kokosnussmilch darüber geben und rühren, Fleisch, Knoblauch, Fischsoße, Zwiebeln, Zucker, Salz und Pfeffer dazugeben, umrühren und kochen lassen, bis die Fleischstücke gar sind ➟ Eier dazugeben und ein paar Minuten weiter kochen, in eine Servierschale geben und mit Reis und Salat servieren.

****

Methode 2

Zutaten:

2 bis 3 cm Ingwerwurzel, schälen und in Streifen schneiden
1/2 kg Fleischstück, in ca. 3 cm Würfel schneiden, waschen und abtropfen lassen
1 Esslöffel Zucker
1 Esslöffel Palmzucker
3 bis 4 Staranis
Fischsoße, Menge nach Geschmack
4 bis 5 Knoblauchzehen, schälen und halbieren
Handvoll Erdnüsse, feine Schalen entfernen
4 Eier
Sojasoße
Salz
Pfeffer

So wird es gemacht:

☺ Erdnüsse und Staranis in einer kleinen Pfanne rösten, bis sie Farbe annehmen und beiseite stellen.

☺ Fleischwürfel in eine Schale geben, Fischsoße, etwas Zucker, Salz und Pfeffer dazugeben und gut vermengen.

☺ Eier in reichlich Wasser hart kochen (5 bis 6 Minuten), aus dem Wasser nehmen, abkühlen lassen, dann Schalen entfernen und beiseite stellen.

☺ Beide Zuckersorten und etwas Wasser (ca. 1 Esslöffel) in einen Topf geben und langsam erhitzen, bis sich die Farbe etwas ändert ➡ Knoblauch und Ingwer dazugeben, gut vermengen und ein paar Minuten dünsten. Öfter rühren, damit nichts anbrennt ➡ Fleischwürfel mit Marinade untermengen und köcheln lassen, bis alle Fleischwürfel mit dem aufgelösten Zucker bedeckt sind ➡ Topf zudecken und ca. 10 Minuten köcheln lassen. Zwischendurch wenden ➡ 1 Tasse Wasser darüber geben, gut verrühren und kochen lassen, dann 1 bis 2 Tassen Wasser darüber gießen, umrühren, Topf zudecken und bei mittlerer Hitze ca. 30 Minuten kochen

lassen.
☺ Etwas Sojasoße in einer Pfanne zum Kochen bringen, Eier dazugeben und ein paar Minuten in der Soße braten, bis sie Farbe annehmen.
☺ Die Eier zum Fleisch geben und kochen lassen, bis die Fleischwürfel gar sind und ein Teil der Flüssigkeit verdampft ist ➟ heiß mit Reis und Salat servieren.

****

Gegrillter oder gebratener Tofu

Zutaten:

2 Tofuscheiben, aus der Packung nehmen und mit Küchenpapier abtupfen
Etwas Sojasoße
Pfeffer

So wird es gemacht:

☺ Sojasoße über den Tofu geben, rundherum in der Sojasoße wälzen und grillen oder in einer Pfanne mit etwas Öl oder Butter braten, auf Servierteller geben, mit Pfeffer bestreuen, mit Reis und vegetarischer Fischsoße servieren.

****

Tofu mit Sojabohnenpaste

Zutaten:

2 Tofuscheiben, aus der Packung nehmen und mit Küchenpapier abtupfen
1 Esslöffel Sojabohnenpaste
1 cm Ingwerwurzel, schälen und zerdrücken
1 Esslöffel Pilzsoße
1 Bund Lauchzwiebeln, hacken
Pfeffer
Salz
Öl

So wird es gemacht:

☺ Etwas Öl in einer tiefen Pfanne erhitzen, Tofu dazugeben und braten, bis der Tofu Farbe annimmt, aus der Pfanne nehmen und in Würfel schneiden.

☺ 1 Tasse Wasser in einen kleinen Topf geben ➟ Tofuwürfel, Sojabohnenpaste, Ingwer und Pilzsoße dazugeben und köcheln lassen, bis ein Teil der Flüssigkeit verdampft ist, Lauchzwiebeln dazugeben, mit Salz und Pfeffer abschmecken, mit Reis und Chilisoße servieren.

Tofu in Tomatensoße

Zutaten:

4 Scheiben Tofu
150 g Hackfleisch
Handvoll Glasnudeln, ca. 10 Minuten in Wasser legen, in eine Sieb geben, abtropfen lassen und in ca. 1 bis 1,5 cm Streifen schneiden
4 bis 5 getrocknete chinesische Pilze, ca. 30 Minuten in Wasser einweichen, aus dem Wasser nehmen, abspülen, eventuell die Enden abschneiden und in kleine Würfel schneiden
1 Schalotte, schälen und fein hacken
2 Knoblauchzehen, schälen, mit etwas Salz in einen Mörser geben und zerdrücken
3 bis 4 große Tomaten, in kleine Würfel schneiden
1 Esslöffel gehackte Petersilie
Salz
Pfeffer
Öl

So wird es gemacht:

☺ Hackfleisch, Glasnudeln, Pilze, Petersilie, Schalotten, Pfeffer und Salz in eine Schale geben und gut vermengen ➟ etwas Öl in einer Pfanne erhitzen und die Hackmasse darin braten, bis sie Farbe annimmt, Pfanne vom Herd nehmen und abkühlen lassen

☺ Die Tofuscheiben auf einer Seite einschneiden (eine Seite bleibt geschlossen) ➟ Hackmischung in die Tofuscheiben füllen.
☺ Etwas Öl in einer Pfanne erhitzen ➟ gefüllte Tofuscheiben dazugeben, von beiden Seiten goldbraun braten und auf Servierteller geben.
☺ Etwas Öl in einer Pfanne erhitzen, Knoblauchpaste dazugeben und kurz dünsten, Tomaten dazugeben, gut vermengen und mit Salz und Pfeffer abschmecken, dann 5 bis 6 Minuten dünsten, über den Tofu geben und heiß servieren.

****

Tofu mit Ananas

Zutaten:

1 Tofuscheibe, in kleine Würfel schneiden
1 kleine Ananas, schälen und das Fruchtfleisch in kleine Würfel schneiden. Ersatzweise 1 kleine Dose Ananasstücke, Dosendeckel aufschneiden, durch ein Sieb geben, abtropfen lassen und die Ananasstücke zerkleinern
2 bis 3 Stangen Lauchzwiebeln, hacken
1 Knoblauchzehe, schälen, mit etwas Salz in einen Mörser geben und zerdrücken
1 Esslöffel Pilzsoße
Salz
Pfeffer

So wird es gemacht:

☺ 1/2 Tasse Wasser und die restlichen Zutaten in einen kleinen Topf geben und köcheln lassen, bis die Soße dick wird ➟ abschmecken und mit Reis servieren.

****

Tofu mit Rüben

Zutaten:

500 g weiße Rüben, schälen und in Scheiben schneiden
2 bis 3 Tofuscheiben
2 Karotten, schälen und in Scheiben oder Würfel schneiden
1 Esslöffel Sojasoße
1 Esslöffel gehackter Koriander
Pfeffer
Salz
Öl

So wird es gemacht:

☺ Tofu in heißem Öl goldbraun braten, aus der Pfanne nehmen und in kleine Würfel schneiden.
☺ Rüben, Karotten, Sojasoße, Salz und Pfeffer in einen Topf geben und mit Wasser bedecken, Topf zudecken und kochen lassen, bis das Gemüse fast gar ist ➡ Tofuwürfel zum Gemüse geben, abschmecken und köcheln lassen, bis das Gemüse gar ist, Koriander untermengen, in eine Servierschale geben und heiß mit Reis servieren.

****

Gebratene Cassavafinger

Zutaten:

1 kg Cassava (Yucca), schälen und reiben
1 Esslöffel gehacktes Zitronengras
1 Chilischote (Schärfe nach Geschmack), Stielansatz abschneiden, der Länge nach halbieren, Samen entfernen und fein hacken
1 Bund Lauchzwiebeln, fein hacken
1 Esslöffel Currypulver
Salz
Öl, zum Braten

So wird es gemacht:

☺ Geriebene Cassava auspressen und in eine Schale geben ➟ die restlichen Zutaten (außer Öl) dazugeben, gut vermengen und zu kleinen Kugeln formen, dann die Kugeln zwischen den beiden Handflächen zu länglichen Würstchen rollen.

☺ Reichlich Öl in einer tiefen Pfanne erhitzen ➟ Cassavarollen dazugeben und goldbraun braten, aus der Pfanne nehmen, abtropfen lassen, mit etwas Salz bestreuen und servieren.

****

Gegrillter Mais

Zutaten:

4 Maiskolben, Blätter und Fäden entfernen
1 kleine Zwiebel, schälen und hacken
Salz
Süßes Paprikapulver
1 Esslöffel gehackter Schnittlauch
Öl oder Butter

So wird es gemacht:

☺ Grill mit Holzkohle vorheizen.

☺ Etwas Öl oder Butter in einer Pfanne erhitzen, Zwiebel dazugeben und glasig dünsten, Schnittlauch, Paprikapulver und Salz dazugeben, umrühren und Pfanne beiseite stellen.

☺ Maiskolben grillen, bis die Körner gar sind, mit Zwiebelmischung bestreichen und heiß servieren.

****

Geflügelgerichte

Hühnercurry

Zutaten:

1 kleines Hühnchen, zerlegen, waschen und abtropfen lassen
2 Tassen Kokosnussmilch
250 g Kartoffeln oder Süßkartoffeln, schälen und vierteln
1 Zwiebel, schälen und hacken
10 Knoblauchzehen, schälen, mit etwas Salz in einen Mörser geben und zerdrücken
1 Esslöffel gehacktes Zitronengras
Ein paar Zitronengrasstängel, flach klopfen
1 Tomate, hacken
1 Teelöffel Currypulver
Chilipulver, Menge nach Geschmack
Salz
Pfeffer
Öl

So wird es gemacht:

☺ Hühnchenstücke in eine Schale geben ➟ die Hälfte der Knoblauchpaste, Zwiebeln, gehacktes Zitronengras, Currypulver, Salz und Pfeffer dazugeben und gut vermengen ➟ Schale zudecken und ca. 1 Stunde stehen lassen, zwischendurch wenden.

☺ Etwas Öl in einem Topf erhitzen ➟ Tomaten dazugeben und dünsten, bis die Flüssigkeit verdampft ist ➟ die restliche Knoblauchpaste untermengen und kurz dünsten ➟ Hühnerstücke mit Marinade dazugeben und braten, bis sie Farbe annehmen ➟ 1 Tasse Kokosnussmilch darüber gießen und umrühren, Zitronengrashalme dazugeben und zum Kochen bringen ➟ ca. 1/2 Tasse Wasser darüber gießen, umrühren, Topf zudecken und kochen lassen, bis das Fleisch

Huhn mit Ananas

Zutaten:

1 kleines Hähnchen, zerlegen, waschen und abtropfen lassen
1 Ananas, schälen und in ca. 2 bis 3 cm Würfel schneiden. Man kann auch eine Dose Ananas verwenden
1 bis 2 Knoblauchzehen, schälen, mit etwas Salz in einen Mörser geben und zerdrücken
2 Esslöffel Fischsoße
2 bis 3 Esslöffel Zucker
1 Bund Lauchzwiebeln, hacken
Chilipulver, Menge nach Geschmack
Salz
Pfeffer

So wird es gemacht:

☺*Methode 1: 1 Esslöffel Wasser und 1 Esslöffel Zucker in einen Topf geben und rühren, dabei bei schwacher Hitze köcheln lassen, bis der Zucker eine dunkle Farbe annimmt ➟ 1½ Tassen Wasser darüber geben und rühren ➟ Knoblauch, Fischsoße, Zucker und etwas Salz dazugeben, umrühren und die Hähnchenstücke und Ananas in die Soße geben, dann zum Kochen bringen und bei mittlerer Hitze kochen lassen, bis das Fleisch gar ist ➟ Lauchzwiebeln dazugeben, mit Chilipulver, Salz und Pfeffer abschmecken und heiß mit Reis servieren.

*Methode 2: Wenn der Zucker mit etwas Wasser anfängt dunkel zu werden, Hähnchenstücke dazugeben und umrühren, bis sie Farbe annehmen, dann Wasser darüber geben und wie oben beschrieben weiter verfahren.

✳✳✳✳✳✳✳✳✳✳

Hähnchenkeulen mit Tamarinde

Zutaten:

4 Hähnchenkeulen, waschen
1 Esslöffel Tamarindepulver. Ersatzweise 1 cm Tamarinde, ca. 30 Minuten in Wasser einweichen, dann zwischen den Fingern im Wasser zerkleinern, durch ein Sieb geben und die Flüssigkeit in einer Schale auffangen. Die im Sieb befindlichen Tamarinde durchpressen und mit dem Tamarindewasser verrühren
1 Esslöffel Sojasoße
1 Esslöffel Zucker
1 Zwiebel, schälen und hacken
2 bis 3 Knoblauchzehen, schälen, mit etwas Salz in einen Mörser geben und zerdrücken
1 Esslöffel Mehlstärke
Chilipulver, Menge nach Geschmack
Salz
Pfeffer
Öl

So wird es gemacht:

☺ Backofen auf 180°C vorheizen ➟ Hähnchenkeulen in eine Auflaufform geben, in den Backofen schieben und von beiden Seiten knusprig backen.
☺ 1/2 Tasse Wasser in eine Schale geben, Mehlstärke, Tamarinde, Salz, Pfeffer, Sojasoße und Zucker dazugeben und rühren.
☺ Etwas Öl in einer Pfanne erhitzen ➟ Zwiebeln dazugeben und glasig dünsten, Knoblauch untermengen und kurz dünsten ➟ Wassermischung dazugeben und köcheln lassen, bis die Soße dicker wird ➟ mit Salz, Pfeffer und Chilipulver abschmecken.
☺ Die heißen Hähnchenkeulen auf Serviertellern verteilen, Soße darüber geben und heiß servieren.

✳✳✳✳✳✳✳✳✳✳

Gekochtes Hähnchen

Zutaten:

1 Hähnchen, waschen
3 Schalotten, schälen und halbieren
Chilipulver, Menge nach Geschmack
Salz
Pfeffer

So wird es gemacht:

☺ Hähnchen, Schalotten, Salz, Pfeffer und Chilipulver in einen Topf geben und mit Wasser bedecken, kurz zum Kochen bringen, dann bei mittlerer Hitze kochen lassen, bis das Fleisch gar ist ➟ Hähnchen aus dem Topf nehmen, zerlegen, auf einen Servierteller geben und heiß mit Reis servieren.

****

Gebackene Hähnchenflügel

Zutaten:

12 Hähnchenflügel, waschen
2 Knoblauchzehen, schälen, mit etwas Salz in einen Mörser geben und zerdrücken
2 Stangen Lauchzwiebeln, hacken
1/2 Teelöffel Ingwerpulver
Zitronensaft
1 Esslöffel Honig
1 Esslöffel Sojasoße
1 Teelöffel Fischsoße
1 Esslöffel brauner Zucker
1/2 Teelöffel Paprikapulver
Chilipulver, Menge nach Geschmack
Salz
Pfeffer

So wird es gemacht:

☺ Sojasoße, Lauchzwiebeln, Knoblauch, Ingwer, Salz und Pfeffer in eine kleine Schale geben und gut verrühren.
☺ Hähnchenflügel in eine Schale geben, Sojasoße darüber geben, gut vermengen, Schale zudecken und über Nacht stehen lassen. Zwischendurch wenden.
☺ Honig, Zucker, Paprikapulver und etwas Chilipulver darüber geben und gut vermengen.
☺ Backofen auf 180°C vorheizen.
☺ Hähnchenflügel mit Marinade auf ein Backblech oder eine Auflaufform geben, in den Backofen schieben und backen, bis die Marinade verdampf ist und die Flügel goldbraun sind ➟ Backblech aus dem Offen nehmen, die Hähnchenflügel mit Honigsoße bepinseln und das Backblech wieder für ein paar Minuten in den Ofen schieben ➟ heiß servieren.

✳✳✳✳✳✳✳✳✳✳

Hähnchenbällchen in Hoisinsoße

Zutaten:

2 große Hühnerbrüste, fein hacken
1 Tasse Mehl
1 Esslöffel Hoisinsoße
1 Teelöffel Fischsoße
1 Teelöffel Zucker
Mehlstärke
2 bis 3 Knoblauchzehen, schälen, mit etwas Salz in einen Mörser geben und zerdrücken
1 Stange Lauchzwiebel, fein hacken
Chilipulver oder Chilisoße, Menge nach Geschmack
Salz
Pfeffer
Öl, zum Braten

So wird es gemacht:

☺ Hähnchenfleisch, Knoblauchpaste, Salz, Pfeffer, Mehl und 1 Esslöffel Mehlstärke in eine Schale geben und gut vermengen, etwas Wasser darüber geben und gut verkneten.
☺ Reichlich Öl in einer tiefen Pfanne erhitzen ➟ Hähnchenmasse löffelweise in das heiße Öl geben und knusprig braten, mit einem Schaumlöffel aus der Pfanne nehmen, abtropfen lassen, in eine Servierschale geben und warm halten.
☺ Hoisinsoße, Fischsoße, Zucker, Chilipulver oder Chilisoße, Lauchzwiebel, 4 bis 5 Esslöffel Wasser, 1/2 Esslöffel Mehlstärke in einen kleinen Topf geben, gut verrühren und köcheln lassen, bis die Soße dicker wird und abschmecken ➟ Soße über das gebratene Hähnchen geben und heiß servieren.

✳✳✳✳✳✳✳✳✳✳✳

Gegrilltes Hähnchenfleisch

Zutaten:

500 g Hühnerbrust, in ca. 3 bis 4 cm Würfel schneiden, waschen und abtropfen lassen
1 Schalotte, schälen und hacken
2 bis 3 Knoblauchzehen, schälen, mit etwas Salz in einen Mörser geben und zerdrücken
1 Esslöffel gehacktes Zitronengras
1 Esslöffel brauner Zucker
1 Esslöffel Sojasoße
Eventuell 1 Teelöffel Fischsoße
1 Teelöffel Paprikapulver
1 Esslöffel Currypulver
1/2 Teelöffel Zitronensaft
Salz
Pfeffer
1 bis 2 Esslöffel Öl

So wird es gemacht:

☺ Alle Zutaten und ein paar Löffel Wasser in eine Schale geben und gut vermengen ➟ Schale zudecken und ca. 1 bis 2 Stunden stehen lassen. Zwischendurch die Masse wenden.
☺ Grill mit Holzkohle vorheizen.
☺ Hähnchenwürfel auf Holz- oder Mettalspieße stechen und über der Holzkohle knusprig grillen. Zwischendurch mit Marinade bepinseln ➟ heiß mit Reis und Salz oder Mangosoße servieren.

****

Omelette mit Hackfleisch

Zutaten:

1 kleiner, gesalzener Fisch, unter fließendem Wasser abspülen, Haut und Gräten entfernen und das Fleisch zerkleinern
150 g Hackfleisch
4 Eier, aufschlagen, in eine Schale geben, etwas Salz und Pfeffer dazugeben und verrühren
2 kleine Schalotten, schälen und hacken
2 bis 3 Knoblauchzehen, schälen und fein hacken
1 Prise Zucker
Salz
Pfeffer
Öl oder Butter, zum Braten

So wird es gemacht:

☺ Alle Zutaten (außer Öl) in eine Schale geben und gut vermengen.
☺ Etwas Öl oder Butter in einer Pfanne bei mittlerer Hitze erhitzen ➟ 1 Kelle oder einen großen Löffel Eimasse in das heiße Öl geben, gleichmäßig in der Pfanne verteilen und von beiden Seiten knusprig braten, heiß mit Brot und Salat servieren.

****

Gedämpfte Eier

Zutaten:

5 Eier:
- Bei 2 Eiern das Eigelb vom Eiweiß trennen und beiseite stellen
- Die restlichen Eier und das Eiweiß in eine Schale geben und gut verrühren

150 g Hackfleisch
Ein paar getrocknete, chinesische Pilze, 15 bis 20 Minuten in Wasser einweichen und in kleine Würfel schneiden
1 kleine Zwiebel oder Schalotte, schälen und fein hacken
2 Esslöffel gehackte Petersilie
1 Teelöffel Zucker
Salz
Pfeffer
Öl

So wird es gemacht:

☺ Hackfleisch, Eier, Pilze, Zwiebeln oder Schalotten, Petersilie, 1 Esslöffel Öl, Salz und Pfeffer in eine Schale geben und gut verrühren.
☺ Eine Auflaufform, mit hohem Rand und etwas kleiner als der Dampfkochtopf, mit Öl bepinseln ➡ Hackfleischmischung in die Form geben ➡ Auflaufform in den Dampfkochtopf stellen und ca. 30 Minuten garen ➡ Auflaufform aus dem Topf nehmen, Eigelb darauf verteilen und weitere 5 Minuten dämpfen lassen, bis das Eigelb fest ist ➡ gedämpfte Eier heiß mit Brot, Salatblättern und Gurkenscheiben servieren.

****

Fischgerichte und Meeresfrüchte

Fischcurry mit Kokosnussmilch

Trey Amok (Homok)

Das Gericht wird in Kambodscha in einer frischen Kokosnussschale (Junge Sorte, siehe Seite 10) gedämpft und serviert. Da es in Deutschland nur alte Kokosnüsse auf dem Markt gibt, sollte man versuchen solche Kokosnüsse zu verwenden.

Zutaten:

500 g Fischfilets*, in etwas größere Stücke schneiden, waschen und abtropfen lassen
1 Tasse dünne Kokosnussmilch, siehe Seite 11**
1 Tasse dicke Kokosnussmilch, siehe Seite 11**
Folgende Zutaten mit etwas Salz in einen Mörser geben und zerdrücken:
- 1 rote Zwiebel, schälen und hacken
- 3 Knoblauchzehen, schälen und grob hacken
- Ein paar Zitronengrashalme, hacken
- 1 kleines Stück Galangalwurzel, schälen und hacken
- 1/2 Teelöffel geriebene Limetten- oder Zitronenschale
- 2 bis 3 getrocknete, kleine Chilischoten, Stielansätze abschneiden, ca. 15 Minuten in Wasser einweichen, abtropfen lassen und hacken

1 Ei, aufschlagen, in eine Schale geben und verrühren
1 Esslöffel Fischsoße
1 Teelöffel Zucker
Salz
Pfeffer

1 frische Kokosnuss, einen Deckel ausschneiden
Zum Garnieren: Einige milde Chilischoten, in Streifen schneiden

* Man kann auch andere Fleischsorten verwenden
** Man kann auch eine große Dose Kokosnussmilch verwenden

So wird es gemacht:

☺ Zerdrückte Zutaten in eine große Schale geben ➟ beide Sorten Kokosnussmilch (vorher etwas dicke Kokosnussmilch beiseite stellen), Ei, Fischsoße, Zucker, Salz und Pfeffer dazugeben und gut verrühren ➟ Fischstücke dazugeben, gut vermengen und ca. 10 Minuten stehen lassen, dann in die Kokosnuss füllen ➟ die restliche Kokosnussmilch darauf geben, mit Chilistreifen Garnieren und ca. 30 Minuten im Dampfkochtopf garen (siehe Seite 54) ➟ heiß in der Kokosnuss servieren.

✳✳✳✳✳✳✳✳✳✳

Fisch mit Knoblauch

Zutaten:

500 g großer Fisch, waschen und abtropfen lassen
2 Knoblauchzehen, mit etwas Salz in einen Mörser geben und zerdrücken
1 Prise Zucker
Öl, zum Braten

So wird es gemacht:

☺ Die Fischhaut mit einem scharfen Messer ein paar mal anritzen ➟ 1 Prise Zucker zur Knoblauchpaste geben und vermengen, dann den Fisch von innen und außen mit dem Knoblauch reiben und ca. 10 Minuten stehen lassen.
☺ Öl in einer Pfanne erhitzen ➟ Fisch dazugeben und von beiden Seiten goldbraun braten, heiß mit Reis servieren.

✳✳✳✳✳✳✳✳✳✳

Muscheln in Soße

Zutaten:

24 Muscheln, nur geschlossene Muscheln verwenden, gründlich waschen
1 Tasse Kokosnussmilch
3 bis 4 Knoblauchzehen, schälen, mit etwas Salz in einen Mörser geben und zerdrücken
2 bis 3 Schalotten, schälen, halbieren und in Scheiben schneiden
1 Esslöffel Fischsoße
1 Esslöffel zerdrücktes Zitronengras
1 Teelöffel Zucker
1 Teelöffel Kurkuma
Salz
Pfeffer
Öl

So wird es gemacht:

☺ Etwas Öl in einer tiefen Pfanne erhitzen, Schalotten dazugeben und glasig dünsten, Knoblauch untermengen und kurz dünsten, Zitronengras und Kurkuma dazugeben und gut vermengen ➟ Kokosnussmilch und 1/2 Tasse Wasser dazugeben, gut vermengen und mit Fischsoße, Pfeffer und Salz abschmecken und köcheln lassen, bis die Soße etwas dicker wird ➟ Muscheln in die Soße geben und köcheln lassen, bis die Muscheln aufgehen.
Achtung! Falls einige Muscheln beim Kochen nicht aufgehen, aus der Pfanne entfernen. Solche Muscheln dürfen nicht gegessen werden.
☺ Muscheln mit Soße in eine Servierschale geben und heiß mit Reis oder Glasnudeln servieren.

❁❁❁❁❁❁❁❁❁

Garnelen mit Kokosnussmilch

Zutaten:

1 kg Garnelen, am Rücken aufschneiden und den schwarzen Darm herausnehmen, waschen und abtropfen lassen
1 Tasse Kokosnussmilch
3 Knoblauchzehen, schälen, mit etwas Salz in einen Mörser geben und zerdrücken
1 Prise Zucker
Salz
Pfeffer
Öl
Zum Garnieren:
Gurke, schälen und in Scheiben schneiden
Milde Chilischote, in dünne Streifen schneiden

So wird es gemacht:

☺ Garnelen in eine Schale geben, etwas Salz und Pfeffer darüber streuen, gut vermengen und ca. 15 Minuten stehen lassen.

☺ Etwas Öl in einer großen Pfanne erhitzen ➟ Knoblauchpaste dazugeben und kurz anbraten ➟ Garnelen in heißem Öl goldbraun anbraten ➟ Kokosnussmilch darüber geben und rühren, mit Zucker, Salz und Pfeffer abschmecken und bei sehr schwacher Hitze ca. 10 Minuten köcheln lassen ➟ Garnelen auf einen Servierteller oder in eine Schale geben, mit Gurkenscheiben und Chilistreifen garnieren und heiß servieren.

✳✳✳✳✳✳✳✳✳✳

Fischfilets mit Zitronengras

Zutaten:

500 g Fischfilets, in große Stücke schneiden, waschen und abtropfen lassen
2 bis 3 Esslöffel gehacktes Zitronengras
1 kleine Chilischote, Stielansatz abschneiden, halbieren, Samen entfernen und fein hacken
Salz
Pfeffer
Öl
Zum Garnieren:
Salatblätter
Tomatenscheiben

So wird es gemacht:

☺ Fischfilets, Zitronengras, Chili, etwas Salz und Pfeffer in eine Schale geben, gut vermengen und ca. 30 Minuten stehen lassen.
☺ Fischfilets aus der Marinade nehmen und beiseite stellen.
☺ Einen Servierteller mit Salatblättern belegen ➟ etwas Öl in einer Pfanne erhitzen ➟ Fischfilets dazugeben und knusprig braten, aus der Pfanne nehmen, abtropfen lassen und auf die Salatblätter geben.
☺ Die Zitronengrasmarinade in der selben Pfanne kurz anbraten, über den Fischfilets verteilen, mit Tomatenscheiben garnieren und servieren.

✳✳✳✳✳✳✳✳✳✳

Gebratener Fisch mit Ingwer

Zutaten:

1 großer Fisch, ca. 500 g (Sorte nach Belieben), waschen und abtropfen lassen
2 cm Ingwerwurzel, schälen und in dünne Streifen schneiden
5 bis 6 Esslöffel eingelegte Sojabohnen
4 bis 5 Knoblauchzehen, schälen und grob hacken oder in Scheiben schneiden
3 bis 4 Schalotten, schälen und in Scheiben schneiden
1 Esslöffel feiner, brauner Zucker
Etwas Fischsoße, Menge nach Geschmack
Salz
Öl

So wird es gemacht:

☺ Öl in einer Pfanne erhitzen, etwas Knoblauch dazugeben und kurz dünsten, Fisch dazugeben und von beiden Seiten goldbraun braten, aus der Pfanne nehmen, auf Servierteller geben und warm halten.
☺ 1 Esslöffel Wasser, Sojabohnen, Ingwer, Fischsoße, Zucker und etwas Salz in eine Schale geben und gut vermengen.
☺ Etwas Öl in einer Pfanne erhitzen, Schalotten dazugeben und braten, bis sie Farbe annehmen, Knoblauch dazugeben und kurz braten ➟ Gewürzmischung untermengen und kochen lassen, bis der Inhalt anfängt zu brodeln, dabei umrühren damit nichts anbrennt, Pfanne vom Herd nehmen, die Soße über den Fisch geben und heiß servieren.

****

Gebratener Fisch mit Kräutern

Zutaten:

1 großer Fisch (ca. 1 kg), säubern, waschen und abtropfen oder abtupfen lassen
2 Bund verschiedene Kräuter: Basilikum, Petersilie, Dill, Pfefferminze, Blätter waschen und abtropfen lassen
1 Salatkopf, Blätter waschen und abtropfen lassen
1 weiße Rübe, schälen und in dünne Scheiben schneiden
1 große Mohrrübe, schälen und in dünne Scheiben schneiden
1 Tasse Reisessig
1 Esslöffel Zucker
Salz
Pfeffer
Öl, zum Braten
Als Beilage und Soße:
Reisnudeln (siehe Seite 57), Reis (Seite 48) und/ oder Reispapier (Seite 7)
Chilisoße, Fischsoße mit Knoblauchpaste oder Sardellensoße (Seite 36)

So wird es gemacht:

☺ Reisessig und 1 Esslöffel Zucker in eine große Schale geben und rühren, Rübenscheiben dazugeben und ca. 30 Minuten stehen lassen, durch ein Sieb geben und abtropfen lassen.
☺ Öl in einer großen Pfanne erhitzen ➟ den Fisch salzen und pfeffern und in heißem Öl von beiden Seiten knusprig braten, aus der Pfanne nehmen, auf Küchenpapier legen, damit das überschüssige Öl entfernt wird.
☺ Einen länglichen Servierteller mit Salatblättern bedecken und rundherum mit Rüben- und Mohrrübenscheiben belegen, dann die Kräuter darauf verteilen ➟ den gebratenen Fisch auf die Kräuter legen und heiß mit Beilagen und Soßen servieren.

✳✳✳✳✳✳✳✳✳✳

Fischfilets mit Palmzucker

Zutaten:

1/2 kg Fischfilets, in große Stücke schneiden, waschen, abtropfen lassen, mit etwas Salz bestreuen und beiseite stellen
1 Esslöffel Palmzucker
2 Knoblauchzehen, schälen und fein hacken
Fischsoße, Menge nach Geschmack
Pfeffer
Salz

So wird es gemacht:

☺ Palmzucker in einen Topf geben und bei schwacher Hitze karamellisieren lassen ➟ Knoblauch dazugeben und rühren ➟ wenn die Masse anfängt braun zu werden, Fischstücke, Pfeffer, etwas Salz und Fischsoße dazugeben ➟ etwas Wasser darüber geben und den Topf bewegen, damit die Masse im Topf gemengt wird ➟ die Fischstücke von einer Seite braun braten, dann vorsichtig umdrehen, wenn die Fischstücke braune Farbe haben, ca. 2 Tassen Wasser darüber gießen und köcheln lassen, bis die Soße dicker wird ➟ Topfinhalt in eine Servierschale geben, eventuell mit grünen Mangostreifen garnieren und heiß servieren.

✳✳✳✳✳✳✳✳✳✳

Gefüllter Tintenfisch

Zutaten:

4 Tintenfische, die Köpfe mit den Tentakeln vom Körber abziehen und die Innereien entfernen, waschen und abtropfen lassen oder die Tintenfische vom Fischhändler säubern lassen
150 g Hackfleisch
5 chinesische Morcheln (Mu Err Pilze), ca. 30 Minuten in Wasser einweichen und quellen lassen, durch ein Sieb geben, abtropfen lassen und klein hacken
Handvoll Glasnudeln, ca. 10 Minuten in Wasser einweichen, abtropfen lassen und in kleine Streifen schneiden
1 kleine Zwiebel, schälen und fein hacken
2 bis 3 Knoblauchzehen, schälen, mit etwas Salz in einen Mörser geben und zerdrücken
3 bis 4 Fleischtomaten, Haut anritzen, mit kochendem Wasser überbrühen, Haut abziehen und hacken
1 Prise Zucker
Salz
Pfeffer
Öl

So wird es gemacht:

☺ Hackfleisch in eine Schale geben ➟ Zwiebeln, etwas Knoblauchpaste, Pilze, Glasnudeln, Salz und Pfeffer zum Hack geben, gut vermengen und die Tintenfische damit füllen, dann die Öffnungen mit Zahnstochern verschließen.

☺ Etwas Öl in einer Pfanne erhitzen, Tintenfische dazugeben und bei mittlerer Hitze rundherum braten, aus der Pfanne nehmen und beiseite stellen.

☺ Etwas Öl in einer großen Pfanne erhitzen, die restliche Knoblauchpaste dazugeben und kurz dünsten, Tomaten, Zucker, Salz und Pfeffer dazugeben und verrühren ➟ gebratene Tintenfische in die Soße geben, Pfanne zudecken und 10 Minuten köcheln lassen, abschmecken, in eine Servierschale geben und eventuell mit gehackter Petersilie garnieren und heiß servieren.

****

Muscheln im Teigmantel

Zutaten:

250 g Muschelfleisch
3 Esslöffel Tempuramehl in 1/2 Tasse Wasser auflösen
Etwas Tempuramehl auf einem Teller verteilen
1 kleine Zwiebel, schälen und fein hacken
2 Eigelb, rühren
Salz
Pfeffer
Öl, zum Braten

So wird es gemacht:

☺ Muschelfleisch, Eigelb, Zwiebeln, Salz und Pfeffer in eine Schale geben und gut vermengen.
☺ Reichlich Öl in einer tiefen Pfanne erhitzen.
☺ Das Muschelfleisch einzeln in den Tempuramehlteig tauchen, dann in Mehl wälzen und im heißen Öl goldbraun braten ➟ mit einem Schaumlöffel die gebratenen Muscheln aus dem Öl nehmen, auf Küchenpapier geben, damit das überschüssige Öl entfernt wird, heiß mit Chilisoße, Salatblättern und Tomaten servieren.

****

Gedämpfter Fisch mit süßer Fischsoße

Zutaten:

1 kg Fisch mit festem Fleisch, waschen
2 cm Tamarinde, ca. 30 Minuten in 1 Tasse Wasser einweichen, dann zwischen den Fingern im Wasser zerkleinern, durch ein Sieb geben und die Flüssigkeit in einer Schale auffangen. Die im Sieb befindliche Tamarinde durchpressen und mit dem Tamarindewasser verrühren
4 bis 5 Schalotten, schälen und fein hacken
5 bis 6 Knoblauchzehen, schälen und fein hacken
4 bis 5 Esslöffel Fischsoße
1 Esslöffel Zucker
Salz
Öl
Beilagen:
Reisnudeln (siehe Seite 57) und verschiedene frische Kräuter und Salatblätter

So wird es gemacht:

☺ Den Fisch in einem Dampfkochtopf 15 bis 20 Minuten gar dämpfen ➡ einen Servierteller mit Salatblättern bedecken ➡ den Fisch aus dem Topf nehmen, auf die Salatblätter geben und warm halten.

☺ Tamarindewasser, Fischsoße, Zucker und etwas Salz in eine kleine Schale geben und verrühren.

☺ Etwas Öl in einen Topf geben und erhitzen ➡ Knoblauch dazugeben und braten, bis er Farbe annimmt ➡ Soße darüber geben, umrühren und kochen lasen, bis es anfängt zu brodeln, Schalotten dazugeben, kurz brodeln lassen und in eine Servierschale geben.

☺ Gedämpften Fisch mit Soße, gekochten Reisnudeln und Kräutern heiß servieren.

✳✳✳✳✳✳✳✳✳✳✳

Süßspeisen

Kochbananen mit Kokosnuss

Zutaten:

6 bis 7 Kochbananen
2 Esslöffel Sago, ca. 15 Minuten in kaltem Wasser einweichen, in ein Sieb geben und abtropfen lassen
1 Tasse Kokosnussmilch
1/2 Tasse Wasser
3 bis 4 Esslöffel Zucker
1 Prise Salz
4 bis 5 Esslöffel ungesalzene Erdnüsse, grob zerdrücken
Vanille, Menge nach Geschmack

So wird es gemacht:

☺ Die Kochbananen ungeschält und eine Prise Salz in einen Topf geben, reichlich Wasser darüber geben und ca. 25 bis 30 Minuten bei mittlerer Hitze kochen lassen, aus dem Topf nehmen und abkühlen lassen.
☺ Kokosnussmilch, 1/2 Tasse Wasser, Zucker und 1 Prise Salz in einen Topf geben, gut verrühren und zum Kochen bringen ➡ Sago dazugeben und ca. 10 Minuten köcheln lassen, bis die Sagoperlen durchsichtig sind, Vanille dazugeben und rühren.
☺ Die gekochten Bananen schälen, der Länge nach in dünne Scheiben schneiden und auf einen Servierteller geben ➡ Kokosnusssoße darüber verteilen, Erdnüsse darüber streuen und servieren.

✳✳✳✳✳✳✳✳✳✳

Süßer Mais

Zutaten:

2 große Maiskolben
2 Tassen dicke Kokosnussmilch
150 g Klebereis, waschen und abtropfen lassen
250 bis 300 g Zucker
1 Prise Salz
Eventuell Vanille
1 Esslöffel Maismehl oder Mehlstärke, mit etwas Wasser oder Kokosnussmilch verrühren

So wird es gemacht:

☺ Die Maiskolben mit einem scharfen Messer direkt unter den Maiskörner rundherum in Scheiben schneiden.
☺ Reis und 6 Tassen Wasser (1,5 Liter) in einen Topf geben und zum Kochen bringen, dann bei schwacher Hitze ca. 30 Minuten köcheln lassen, dabei rühren ➟ Mais dazugeben und ca. 10 Minuten weiter kochen. Zwischendurch rühren ➟ 1 Tasse Kokosnussmilch dazugeben und verrühren, dann Zucker und 1 Prise Salz dazugeben und rühren, bis der Zucker aufgelöst ist, eventuell Vanille in der Masse verrühren und den Topf vom Herd nehmen.
☺ Eine Tasse Kokosnussmilch und 1/2 Tasse Wasser in einen Topf geben, umrühren, 2 bis 3 Esslöffel Zucker dazugeben, umrühren und zum Kochen bringen ➟ verrührtes Maismehl dazugeben und unter ständigem Rühren zum Kochen bringen und Topf vom Herd nehmen.
☺ Maisspeise in einen tiefen Teller geben, ein paar Löffel Kokosnusssoße darauf geben und servieren.

****

Kokosnusssoße

Zutaten:

1 Tasse Kokosnussmilch
1/2 Esslöffel Mehl- oder Maisstärke
1 Esslöffel Zucker
1 Prise Salz

So wird es gemacht:

☺ Alle Zutaten in eine Pfanne oder einen kleinen Topf geben, gut verrühren und köcheln lassen, bis die Soße dicker wird.

****

Süße Taro

Zutaten:

500 g kleine Taroknollen, schälen, in kleine Würfel schneiden, ca. 15 Minuten in Wasser legen, durch ein Sieb geben und abtropfen lassen
300 g Zucker
150 g Klebereis, in ein Sieb geben, abspülen und abtropfen lassen
2 Tassen dicke Kokosnussmilch
1 Esslöffel Mais- oder Mehlstärke, in etwas Wasser verrühren
1 Prise Salz

So wird es gemacht:

☺ Tarowürfel ca. 20 Minuten im Dampfkochtopf garen.

☺ Reis und 6 Tassen Wasser in einen Topf geben und zum Kochen bringen, dann bei schwacher Hitze ca. 30 Minuten köcheln lassen ➟ Zucker, 1 Prise Salz und 1 Tasse Kokosnussmilch dazugeben und rühren, bis der Zucker aufgelöst ist ➟ gekochte Taro dazugeben, umrühren und ca. 10 Minuten köcheln lassen ➟ mit Zucker abschmecken, kurz aufkochen lassen (zwischendurch umrühren damit nichts anbrennt) und Topf vom Herd nehmen.

☺ Eine Tasse Kokosnussmilch und 1/2 Tasse Wasser in einen Topf geben, umrühren, 2 bis 3 Esslöffel Zucker dazugeben, umrühren und zum Kochen bringen ➡ verrührte Mehlstärke dazugeben und unter ständigem Rühren zum Kochen bringen und Topf vom Herd nehmen.
☺ Tarospeise in einen tiefen Teller geben, ein paar Löffel Kokosnusssoße darauf geben und servieren.

✳✳✳✳✳✳✳✳✳✳

Maispudding

Zutaten:

2 große Maiskolben
4 bis 5 Esslöffel Milchreis
1 Tasse Zucker
1 Prise Salz
1 Vanilleschote, halbieren und das Mark mit einem Messer rausholen, Ersatzweise 1/2 Teelöffel Vanilleextrakt
4 Tassen Wasser

So wird es gemacht:

☺ Die Maiskolben mit einem scharfen Messer direkt unter den Maiskörner rundherum in Scheiben schneiden und zerkleinern.
☺ Mais, Reis und Wasser in einen Topf geben und kochen lassen, bis der Reis gar ist ➡ Zucker und 1 Prise Salz dazugeben und rühren, bis der Zucker aufgelöst ist ➡ Vanille dazugeben und rühren, aufkochen lassen, dabei rühren, damit nichts anbrennt und warm servieren.
Als Beilage wird Kokosnusssoße serviert.

✳✳✳✳✳✳✳✳✳✳

Kürbispudding mit Süßkartoffeln und Cassava

Zutaten:

1 Tasse Kokosnussmilch
50 g Tapiokaperlen, ca. 30 Minuten in warmem Wasser einweichen, durch ein Sieb geben und abtropfen lassen
1½ Tassen Zucker
1 Prise Salz
2 Tassen in Würfel geschnittener Kürbis, gar kochen, in ein Sieb geben und abtropfen lassen
1 große Süßkartoffel, gar kochen, pellen und zerkleinern
1 Tasse gekochte Cassava (Yucca)
1 Vanilleschote, halbieren und das Mark mit einem Messer rausholen, ersatzweise Vanilleextrakt, Menge nach Geschmack
4 bis 5 Esslöffel grob zerdrückte Erdnüsse

So wird es gemacht:

☺ Kokosnussmilch in einen Topf oder eine tiefe Pfanne geben, Zucker und 1 Prise Salz dazugeben, umrühren bis der Zucker aufgelöst ist und zum Kochen bringen ➡ Vanille dazugeben und kochen lassen, bis die Masse anfängt zu brodeln. Dabei umrühren damit nichts anbrennt ➡ Tapioka dazugeben und köcheln lassen, bis sie gar sind ➡ gekochten Kürbis, Süßkartoffeln und Cassava dazugeben, umrühren und ca. 10 Minuten köcheln lassen, mit Zucker abschmecken, in eine Servierschale geben, mit zerdrückten Erdnüssen garnieren und warm oder heiß servieren.

✻✻✻✻✻✻✻✻✻✻

Schwarze-Augen-Bohnen Pudding

Zutaten:

1/2 Tasse Schwarze-Augen-Bohnen, ein paar Stunden in Wasser einweichen, durch ein Sieb geben und abtropfen lassen
1/2 Tasse Milchreis, waschen und abtropfen lassen
1 Tasse Zucker
1 Prise Salz
Eventuell Vanilleessenz, Menge nach Geschmack

So wird es gemacht:

☺ Bohnen in einen Topf geben, reichlich Wasser darüber geben und gar kochen, durch ein Sieb geben und abtropfen lassen.

☺ Reis und 4 Tassen Wasser in einen Topf oder eine tiefe Pfanne geben und kochen lassen, bis der Reis gar ist, dabei rühren ➡ Bohnen, Zucker, Salz und Vanille dazugeben und rühren, bis der Zucker aufgelöst ist, kurz aufkochen lassen, in Servierschalen geben, mit Kokosnusssoße garnieren und heiß oder warm servieren.

****

Bananenpudding

Zutaten:

4 bis 5 kleine Bananen
1 Tasse Kokosnussmilch
3 bis 4 Esslöffel Tapiokaperlen (Sago), ca. 30 Minuten in warmem Wasser einweichen, durch ein Sieb geben und abtropfen lassen
4 bis 5 Esslöffel Zucker
1 Prise Salz
1 bis 2 Esslöffel geröstete Sesamkerne

So wird es gemacht:

☺ Bananen schälen und in einen Topf geben, 2 bis 3 Tassen Wasser darüber geben und ca. 5 Minuten kochen lassen ➟ Bananen aus dem Wasser nehmen, abkühlen lassen, dann in dünne Scheiben oder Streifen schneiden und beiseite stellen.
☺ Kokosnussmilch, Tapioka, Zucker und Salz in einen Topf geben, umrühren und kochen lassen, bis die Masse dicker wird ➟ Bananen in die Soße geben und gut vermengen, dann in Servierschalen geben, mit Sesamkernen garnieren und heiß oder warm servieren.

✳✳✳✳✳✳✳✳✳✳

Klebereis mit Sesam

Zutaten:

1 Tasse süßer Kleberreis oder Milchreis, waschen
1 Tasse Kokosnussmilch
1 Tasse Zucker
1 Prise Salz
3 bis 4 Esslöffel geröstete Sesamkerne
50 g geriebenes Kokosnussfruchtfleisch
Vanilleessenz, Menge nach Geschmack

So wird es gemacht:

☺ Klebereis und ca. 2 Tassen Wasser in einen Topf geben , Topf zudecken und kurz zum Kochen bringen, dann bei schwacher Hitze ca. 15 bis 20 Minuten köcheln lassen, bis der Reis gar ist, Topf vom Herd nehmen und beiseite stellen.
☺ Kokosnussmilch, Zucker und Salz in einen Topf oder eine tiefe Pfanne geben, umrühren bis der Zucker aufgelöst ist, dabei zum Kochen bringen ➟ gekochten Reis in die Soße geben und gut vermengen ➟ Kokosnussraspeln untermengen und den Topf vom Herd nehmen.
☺ Reismasse in eine lange, flache Form geben und dünn verteilen, Sesamkerne darüber streuen und abkühlen lassen, dann in viereckige Stücke schneiden und servieren.

✳✳✳✳✳✳✳✳✳✳

Anghor Wat

Exotische Küche

Chilenische Küche

Original Kochrezepte vom längsten Land der Welt

Nariman Zeitun

33

Chilenische Küche
Original Kochrezepte vom längsten Land der Welt
ISBN 978-3-927459-67-0